NIKOLAUS TOMSICH *(HG.)*

SELBSTGEMACHT IM GLAS

ZUM EINKOCHEN, MITNEHMEN & VERSCHENKEN

Rezepte von **Elisabeth Fischer & Eva Derndorfer**
Fotos von **Eisenhut & Mayer**

Brandstätter

97
FEINES HALTBAR GEMACHT
ZUM GENIESSEN, VERSCHENKEN & LAGERN

219
ZU GUTER LETZT
NOCH EINIGE TIPPS, DAMIT ALLES GELINGT

FEINES im GLAS

VORWORT

AB INS GLAS

SELBSTGEMACHT SCHMECKT AM BESTEN

Regale in kühlen, halbdunklen Keller- oder Vorratsräumen voller Gläser in verschiedenen Größen, gefüllt mit den Köstlichkeiten des Sommers – viele von uns kennen das aus ihrer Kindheit. Und viele von uns haben auch noch ihre Großmütter vor Augen, die aus Kirschen und Pflaumen, Birnen und Pfirsichen, Gurken, Tomaten, Paprikaschoten, grünen Bohnen, Kraut & Co das zauberten, was uns im Winter an warme Steine unter den bloßen Füßen, an lange laue Abende und an den Geschmack sonnenwarmer Früchte direkt vom Baum denken ließ.

Eingekochtes Obst und Gemüse – das ist keine rückwärtsgewandte Sentimentalität, sondern zeitgemäße Vorratshaltung im wahrsten Sinne des Wortes: Frische Köstlichkeiten werden am Höhepunkt ihrer Reife – also genau zur richtigen Zeit – konserviert, um sie später zu genießen. Kein verzweifeltes Händeringen mehr angesichts der übergroß ausgefallenen Aprikosenernte, kein langes Lagern von Gemüse im Kühlschrank, bis es seinen knackigen Biss, seine Vitamine und Geschmacksstoffe verliert – ab ins Glas damit! Wir interpretieren das traditionelle Wissen unserer Großmütter neu und bringen Frisches und Eingemachtes geschmacksvollendet auf den Tisch.

Einkochen ist denkbar einfach: Als Basisausstattung braucht man dazu nichts weiter als einen Herd, einen Kochtopf mit Deckel, geeignete Gläser und Verschlüsse. Die Gläser sehen hübsch aus, sind – verglichen mit so mancher Auflaufform – günstig und noch dazu gut für die Umwelt: Glas ist der einzige Rohstoff, der zu 100 Prozent wiederverwertet werden kann und er gibt keine Schadstoffe an das darin gelagerte Füllgut ab. Den Plastikbehältern in Ihrer Küche können Sie getrost ade sagen: Gläser sind hitzebeständig, auch für das Einfrieren in der Tiefkühltruhe geeignet, je nach Form gut stapelbar und bleiben optisch so ansprechend, wie sie beim Kauf waren. Ihre Gläser können noch mehr: Es wird darin gebacken, angerichtet, transportiert und serviert.

GUTEN APPETIT!

Was beim Einkochen hilfreich und wissenswert ist, erfahren Sie im ersten Teil dieses Buches. Dann geht's ans Eingemachte – und da ist für alle etwas dabei:

➸ Singles (oder kleine Haushalte) freuen sich über kleine Portionen ihrer selbst gemachten Lieblingsgerichte. Einmal kochen, mehrmals genießen – und das nicht unbedingt an vier Tagen hintereinander.

➸ Berufstätige nehmen ihr Mittagessen im Glas mit ins Büro. Direkt im Glas aufgewärmt oder mit wenigen Handgriffen fertig zubereitet zaubern sie einen Mittagssnack, den sicher auch die Kolleginnen und Kollegen gerne kosten.

➸ Picknick-Liebhaber werden jubeln: Hier bekommen sie viele Ideen, Rezepte & Kombinationsmöglichkeiten für transportable Gourmandisen. Raus mit dem Picknick-Korb & nichts wie ab ins Grüne!

➸ Auch die Ästhetiker unter den kulinarisch Interessierten werden staunen: Optisch ansprechend geschichtete Salate in wunderschön geformten Gläsern sehen einfach umwerfend aus.

➸ Sind Sie ein leidenschaftlicher Gastgeber? Dann ist Eingekochtes genau das Richtige. Selbst der spontane Überfall der Freundinnen und Freunde bringt Sie kulinarisch nicht mehr in Verlegenheit: Feine Kalbfleischpastete mit selbst gebackenem Brot aus dem Glas – und schon steht eine herzhafte Brotzeit auf dem Tisch. Oder darf es ein Schokokuchen mit Salzpistazien und Melone sein? Sogar ganze Menüs lassen sich aus dem Glas zaubern: exklusiv, raffiniert & allzeit auf dem Tisch!

➸ Ob eingefleischte Carnivoren, Flexitarier, Vegetarier oder Veganer – Sie sind mit den Köstlichkeiten aus dem Glas für alle Vorlieben gerüstet. Es gibt Rezepte für Obst, Gemüse, Käse oder Fleisch – natürlich alles ohne Konservierungsstoffe! Clean Food aus dem Glas als pures Vergnügen.

➸ Ob Gartenbesitzer, die sich auf eigenes Gemüse zu jeder Jahreszeit freuen, Anpacker, die sich selbst und andere gerne im Do-it-yourself-Verfahren beschenken, oder ambitionierte Hobbyköche, die neue Geschmackskombinationen ins Glas packen wollen – alle kommen mit diesem Buch auf ihre Rechnung. Natürlich auch all jene, die schöne Bücher lieben und gerne verschenken.

VIEL SPASS BEIM BLÄTTERN, EINKOCHEN UND GENIESSEN!

LEBENSMITTEL HALTBAR MACHEN

EINKOCHEN AUF EINEN BLICK

AUSSTATTUNG & ZUBEHÖR

DAS OPTIMALE SETTING

KONSERVENGLÄSER & VERSCHLÜSSE

EINLEITUNG

EINFACH SELBST GEMACHT

WICHTIGES RUND UMS EINKOCHEN

EINMACHEN, EINKOCHEN, EINDÜNSTEN, EINREXEN, EINWECKEN – ALL DIESE BEGRIFFE UMSCHREIBEN LETZTLICH EIN UND DENSELBEN VORGANG: DAS HALTBARMACHEN VON LEBENSMITTELN DURCH ERHITZEN IN EINEM KONSERVENGLAS ODER EINER GLASFLASCHE UNTER LUFTABSCHLUSS.

Was beim Einkochen geschieht, ist seit über 100 Jahren der gleiche Vorgang: Ein befülltes und verschlossenes Konservenglas wird erhitzt. Heiße Luft und Dampf entweichen aus dem Glas, gleichzeitig kann keine Luft von außen in das Glas eindringen. Durch das Erhitzen werden Bakterien und Keime abgetötet. Beim anschließenden Abkühlen der Gläser entsteht ein Vakuum, das dafür sorgt, dass der Deckel luftdicht abschließt. Beim erstmaligen Öffnen eines Glases ist – je nach Verschlussart – ein deutliches Plopp- oder Zisch-Geräusch zu hören: ein untrügliches Zeichen dafür, dass das Glas korrekt verschlossen war und der köstliche Inhalt intakt ist.

LEBENSMITTEL HALTBAR MACHEN

EINFRIEREN

Wir alle kennen das Einfrieren in Gefrierbeuteln. Auch Gläser eignen sich gut – eine Möglichkeit für alle, die Plastik aus ihrer Küche verbannen möchten. Ein paar Dinge sollten Sie dabei beachten:

- Füllen Sie Ihre Gläser max. dreiviertelhoch an, weil sich Flüssigkeiten beim Gefrieren ausdehnen.

- Tauen Sie langsam auf: im kalten Wasserbad, bei Zimmertemperatur oder über Nacht im Kühlschrank. Stellen Sie Ihr Glas keinesfalls in kochendes Wasser. Große Temperaturunterschiede (über 30 °C) können zu Glasbruch führen!

KONSERVIEREN MIT ZUCKER

Zucker wirkt konservierend, weil er die Entwicklung von schädlichen Organismen verhindert. Zucker zieht Flüssigkeit aus Früchten, damit wird den sich darin befindlichen Mikroorganismen die Lebensgrundlage geraubt und die Früchte bleiben haltbar. Die Methode eignet sich besonders für Obst, aber auch für so manches Gemüse.

KONSERVIEREN MIT SALZ

Der Vorgang basiert auf dem gleichen Prinzip wie beim Konservieren mit Zucker. Wir kennen in Salz eingelegte Kapern oder Oliven, aber auch Eier, Gurken, Fisch und Fleisch (etwa Schinken) können mit Salz haltbar gemacht werden.

KONSERVIEREN MIT ESSIG

„Sauer einlegen“ heißt dieser Vorgang im Alltag. Das Einlegen von Lebensmitteln in Essig bzw. eine Essigmischung lässt den Säuregehalt in den Lebensmitteln steigen und hemmt Keime und Sporen.

Sauer einlegen liegt im Trend: Abgesehen von Köstlichkeiten, die vor allem von kleinen Direktvermarktern vertrieben werden, können selbst eingelegte Cornichons (kleine Gürkchen), Rote Bete, Spargel, Paprika, aber auch Früchte wie Kirschen, Sauerkirschen und Äpfel an Geschmacksintensität kaum übertroffen werden – vorausgesetzt das Ausgangsprodukt ist von hervorragender Qualität.

KONSERVIEREN IN ÖL

Eine das Einlegegut umschließende Ölschicht entzieht vielen schädlichen Mikroorganismen die Luftzufuhr und verhindert, dass sie die eingelegten Lebensmittel zerstören. Ob Gemüse oder Käsebällchen – mit der richtigen Kräutermischung ein Gedicht! Und das Öl schmeckt noch dazu hervorragend, weil es die jeweiligen Aromen aufnimmt. Für längere Haltbarkeit von eingelegtem Gemüse muss pasteurisiert werden.

KONSERVIEREN DURCH FERMENTIEREN / MILCHSAUER EINLEGEN

Die Milchsäuregärung ist ein chemischer Vorgang, bei dem Zucker aus dem Gemüse in Milchsäure umgewandelt wird. Auch hier steigt der Säuregehalt im eingelegten Lebensmittel, Verderbniserreger werden in ihrem Wachstum gehemmt oder abgetötet. Diese Form des Konservierens wird seit der Jungsteinzeit angewendet. Gurken, Chinakohl, Sauerkraut: Prinzipiell kann alles, was roh genießbar ist, milchsauer eingelegt werden.

KONSERVIEREN DURCH HITZE / PASTEURISIEREN

Beim Pasteurisieren werden Lebensmittel in Behältnisse gefüllt, verschlossen und je nach Art des Inhaltes zwischen 75 und 95 °C bis zu 120 Minuten lang erhitzt.

Durch das starke Erwärmen werden Mikroorganismen (Keime und Bakterien wie Hefe und Schimmelpilze) im Füllgut zum Großteil abgetötet, bzw. wird das weitere Wachstum dieser Organismen verhindert. Das bedeutet, dass die Keime und Bakterien im Füllgut bei diesen Temperaturen praktisch vernichtet werden. Wenn dieser Vorgang nicht zu lange dauert, bleiben Geschmack und der Großteil der Vitamine erhalten.

KOPFRAUM-PASTEURISIEREN (KOPFRAUM-ERWÄRMEN)

Einige Produkte können aufgrund ihrer Zusammensetzung nicht pasteurisiert/eingekocht werden, wie etwa frisches Pesto. Der Einkoch-Vorgang würde das Aroma der Kräuter und des Öls zerstören.

➸ **Dennoch können solche Produkte zumindest einer Kopfraum-Pasteurisierung unterzogen werden. Die Kopfraum-Pasteurisierung ist auch für den Hausgebrauch möglich (siehe S. 27).**

KONSERVIEREN DURCH HITZE / STERILISIEREN

Hier wird der gleiche Arbeitsgang durchgeführt wie beim Pasteurisieren, jedoch heißer und länger. Bei Temperaturen über 100 °C werden nahezu alle Mikroorganismen abgetötet. Dies hat allerdings zur Folge, dass damit ein Großteil der Geschmacksstoffe und Vitamine vernichtet wird, dafür sind sterilisierte Produkte wesentlich länger haltbar.

Dieser Vorgang ist aus Hygienegründen vorwiegend für Speisen vorgeschrieben, die in Krankenhäusern und vielen öffentlichen Einrichtungen wie etwa in Seniorenheimen, Kindergärten und Schulen ausgegeben werden. Auch die Industrie legt Wert auf die Vernichtung unerwünschter Mikroorganismen und Keime, um längere Haltbarkeiten der Lebensmittel zu gewährleisten und somit die Produkte länger verkaufen zu können.

➸ **Bei einigen Produkten wie z.B. Pasteten, Würsten und anderen Fleisch- und Geflügelprodukten ist es zwingend erforderlich zu sterilisieren.**

EINKOCH-KNOW-HOW

EINKOCHZEIT

➼ Wenn nicht anders beschrieben, beginnt die Einkochzeit mit dem Erreichen der jeweiligen Temperatur oder wenn im Glas Luftperlen aufsteigen (dies ist nur beim Einkochen im Backofen gut zu beobachten).

FÜLLGUT

➼ Dieser Begriff bezeichnet den gesamten Inhalt Ihrer Gläser (nicht nur das Grundprodukt).

EINKOCHTEMPERATUR

➼ Für alle beschriebenen Methoden des Einkochens gilt: Zu Beginn muss die Wassertemperatur der Glastemperatur entsprechen (kaltes Glas wird in kaltes Wasser gestellt; warme Gläser in warmes Wasser). Die für das Einkochen des jeweiligen Füllgutes benötigte Temperatur ist bei den entsprechenden Rezepten angegeben. Ist die nötige Kochtemperatur erreicht (ersichtlich an der Temperaturanzeige auf Ihrem Einkochautomaten oder durch das Aufsteigen von Luftperlen im Glas), beginnt die Kochzeit. Wenn Sie mit Kochtopf oder einem Einkochautomaten ohne Temperaturanzeige arbeiten, ist die Verwendung eines einfachen Backthermometers hilfreich, um die Temperatur zu kontrollieren.

EINKOCHEN
AUF EINEN BLICK

PRODUKT	ART	DECKEL	GLASFORM
Chutneys/Relishes	vorgekocht	F	A/B/C/D/E
Fleischgerichte	vorgekocht	F	A/C/D
Fruchtmark (nicht getrocknet)	vorgekocht	M+H	A/B/C/D/E
Fruchtmus	vorgekocht	M+H	A/B/C/D/E
Fruchtsaft	Heißabfüllung /randvoll	Flaschenverschluss	Flasche
Ketchup	vorgekocht	S	A/B/C/D/E
Kompott	roh	M+H	A/B/C/D/E
Kuchen groß	vorgebacken	M+H	A/C/D
Kuchen Portion	vorgebacken	M+H	A/C/D
Marmeladen Mischungen	vorgekocht	F	A/B/C/D/E
Marmeladen sortenrein	vorgekocht	M+H	A/B/C/D/E
Pesto	roh	F	B/E
Sirup	Heißabfüllung /randvoll	Flaschenverschluss	Flasche
Suppen	vorgekocht	F	A/B/C/D/E
süß/sauer eingelegte Gemüse	roh	S	B/E
Wurst	vorgekocht	F	A/C/D

HIER FINDEN SIE EINE ÜBERBLICKSTABELLE MIT EINKOCHZEITEN, TEMPERATURANGABEN, GLAS- UND DECKELEIGNUNG FÜR IHR JEWEILIGES FÜLLGUT. EINE AUSFÜHRLICHE TABELLE ZUM EINKOCHEN VON GEMÜSE FINDEN SIE IM ANHANG AUF S. 220.

EINKOCHAUTOMAT/ BACKOFEN/KOCHTOPF		**SCHNELLKOCHTOPF** Stufe 1 ➼ ca. 110 °C Stufe 2 ➼ ca. 125 °C	
Temp/Grad	Zeit in Min	Stufe	Zeit in Min
75	25	1	2
100	75	2	25
75	10	-	-
80	30	1	2
75	25	-	-
90	20	1	5
80	25	1	5
75	25	2	25
75	25	2	25
95	20	1	2
75	20	1	2
-	-	-	-
75	25	-	-
95	30	1	10
95	30	1	10
120	100	2	25

GLÄSER

➼ A = RexGlas

➼ B = Konservenglas rund mit Schulter

➼ C = Sturzglas

➼ D = Sturzglas konisch

➼ E = Konservenglas eckig mit Schulter

DECKEL

Marmelade & Honig
bis 20 ppm/SO2 ➼ M+H
Sauergemüse
bis 70 ppm/SO2 ➼ S
fetthaltige Produkte
bis 100 ppm/SO2 ➼ F
Mehr dazu auf S. 26.

AUSSTATTUNG & ZUBEHÖR

1 SIE BRAUCHEN

- Gläser und Flaschen mit passenden Deckeln und Verschlüssen (siehe auch S. 21 ff.)
- eine Waage, vorzugsweise eine digitale Küchenwaage
- einen Messbecher mit feiner Skalierung in Milliliter für Flüssigkeiten, einen Messbecher mit feiner Skalierung in Gramm für trockene Zutaten
- eine Zitronenpresse, einen Zestenreißer für die Schalen von Zitrusfrüchten
- einen elektrischen Handmixer und/oder einen Stabmixer
- ein engmaschiges Sieb, ein Passiergerät (Flotte Lotte)
- eine Schaumkelle, eine Spachtel, einen Kochlöffel aus Kunststoff
- Töpfe in verschiedenen Größen
- Gittereinsätze in Topfgröße
- Thermometer je nach Einkochmethode
- zwei Küchenhandschuhe oder Topflappen
- saubere Geschirrtücher und eine Küchenrolle

2 KEIN MUSS, ABER HILFREICH

- ein Apfelausstecher, ein Kirschentkerner, ein Zuckerthermometer, ein Glasheber, Trichter in verschiedenen Größen, ein Backofenthermometer
- ein Backofen mit einem tiefen Backblech oder ein Schnellkochtopf mit einem Gitteraufsatz oder ein Einkochtopf oder Einkochautomat

3 BITTE NICHT VERWENDEN

- Holzbretter, Kochlöffel und andere Utensilien aus Holz, die Sie bereits für Fleisch, Fisch und Geflügel verwendet haben. Es könnten Keime in Ihr Füllgut gelangen, die Marmeladen, Säfte und Chutneys verderben.

UND ZU GUTER LETZT

Liebe zu natürlichen Produkten, Spaß an der Sache und Lust, etwas Neues auszuprobieren.

DAS OPTIMALE SETTING

HERDPLATTE MIT EINKOCHTOPF ODER SCHNELLKOCHTOPF

Dieses Setting ist geeignet für Einsteiger und die Verarbeitung von Kleinstmengen. Achten Sie darauf, dass der Topf, den Sie verwenden, groß genug ist. Die Gläser dürfen weder den Topfboden noch Seitenwände oder Deckel berühren. Um das zu vermeiden, verwenden Sie passende Topfeinsätze und saubere Geschirrtücher als Abstandhalter und um Zwischenräume auszufüllen.

➳ Und so geht's: Wasser in den Topf füllen (kalte Gläser - kaltes Wasser, heiße Gläser - heißes Wasser). Gittereinsatz einlegen. Verschlossene Gläser hineinstellen. Sie sollten so platziert sein, dass sie sich nicht verkeilen können. Ein Geschirrtuch zwischen Gläser und Topfrand legen. Deckel auflegen und Herdplatte aufdrehen. Die Einkochzeit beginnt, wenn das Wasser die Einkochtemperatur erreicht hat. Dies überprüfen Sie mit einem Thermometer.

➳ Bei der Verwendung eines Schnellkochtopfs sollten Sie zu Beginn den Deckel nicht vollständig schließen, da Sie - wie beim normalen Topf - die Temperatur im Auge behalten müssen. Wenn Sie bereits Übung im Einkochen haben und Ihre Geräte gut kennen, können Sie auch von Beginn an mit Überdruck arbeiten. Halten Sie in diesem Fall unbedingt die maximale Einfüllhöhe der Konservengläser und des Schnellkochtopfes ein. Die Einkochzeit beginnt, wenn das Wasser die Einkochtemperatur erreicht hat. Der erste Ring am Ventil ist sichtbar.

BACKOFEN

Ein Backblech mit hohem Rand mit Wasser füllen und auf der untersten Schiene in den Backofen schieben. Die gefüllten und verschlossenen Gläser in das Wasserbad stellen. Wenn Sie die Umluft-Funktion verwenden und Ihr Ofen groß genug ist, können Sie ein zweites Backblech einschieben.

➳ Wichtig: Die Gläser dürfen die Wände des Backofens nicht berühren (mind. 10 cm Abstand zu den Heizstäben), Glas an Glas ist kein Problem.

Die Einkochzeit beginnt erst, wenn die Einkochtemperatur laut Temperaturanzeige (oder Thermometer) erreicht ist oder Luftblasen in den Gläsern aufsteigen. Beim Einkochen im Backofen ist das gut zu beobachten.

EINKOCHAUTOMAT

Für diese Methode benötigen Sie ein Gitter, welches Sie auf den Boden des Automaten legen. Das Gitter ist als Zubehör beim Kauf meist dabei. Die gefüllten und geschlossenen Gläser dürfen Boden und Seitenwand des Topfes nicht berühren. Wenn Sie mehrere Gitter oder andere Zwischenlagen besitzen, können Sie mehrere Lagen von Gläsern in den Automaten stapeln.

➽ So viel Wasser in den Automaten füllen, dass die oberste Lage der Gläser zu drei Vierteln im Wasser steht. Die unteren Gläser stehen somit komplett unter Wasser. Auch hier muss die Wassertemperatur zu Beginn des Vorgangs der Glastemperatur entsprechen (kalte Gläser - kaltes Wasser, heiße Gläser - heißes Wasser). Moderne Automaten haben eine integrierte Temperaturanzeige. Sollte dies bei Ihrem Gerät nicht der Fall sein, benötigen Sie ein Thermometer für das Wasser. Die Einkochzeit beginnt, wenn die richtige Temperatur erreicht ist.

➽ Natürlich gibt es noch andere Möglichkeiten einzukochen, dazu gehören Kombidämpfer (Konvektomat oder auch Heißluftofen genannt) oder ein Autoklav. Bitte beachten Sie bei diesen Geräten die Herstellerinformationen. Im Grunde sind diese aber wie ein Backofen oder Einkochautomat zu verwenden.

KONSERVENGLÄSER & VERSCHLÜSSE

VOM GRUNDSTOFF ZUM PRODUKT

Glas besteht im Wesentlichen aus Soda, Sand und Quarz (Kalziumkarbonat). Diese Bestandteile werden in einer großen Wanne gemischt und erhitzt. Aus dieser Wanne werden Glastropfen mit genau vorgegebenem Gewicht „abgeschoben“ und maschinell zu einem Endprodukt (z.B. Glasflasche) geblasen.

Industriell gefertigte Konservengläser und Flaschen werden ausnahmslos auf einer Maschine geblasen. Das bedeutet, dass ein Glastropfen aufgefangen wird und durch spezielle Düsen mit Luft in eine Form ausgeblasen wird. Am Ende einer langen Produktionskette überprüfen Kontrollmaschinen das mittlerweile vollständig ausgekühlte Glasbehältnis auf Fehler. Erst bei Auftreten eines Fehlers greift ein Produktionsmitarbeiter in diesen Mechanismus ein.

Die Rohmaterialien für Neu-Glas werden bei einer Temperatur von 1500 °C geschmolzen, während bei Alt-Glas schon eine Temperatur von 1400 °C zur Glasschmelze reicht. Aus diesem Grund rechnet sich – durch die um 100 °C geringere Produktionstemperatur und durch die Ersparnisse bei den Rohmaterialien – jede Altglassammlung! Aus Glas entsteht zu 100 % wieder Glas.

Viele der angebotenen Konservengläser, Flaschen und Verschlüsse werden in China hergestellt. Die dort üblichen Herstellungsbedingungen entsprechen weder unseren Umweltstandards noch werden in den meisten chinesischen Betrieben die europäischen gesetzlichen Mindestanforderungen an die Produkte erfüllt – von den Transportwegen und den damit in Zusammenhang stehenden CO2-Werten ganz zu schweigen. Fragen Sie Ihren Händler nach einer schriftlichen Produktspezifikation. Darin ist angeführt, woher das Produkt stammt und wofür es geeignet ist. Beim Kauf auf europäische Produkte zu achten, lohnt sich: Sie erhalten (vermutlich) bessere Qualität und tragen zu einer besseren Energiebilanz bei (kürzere Transportwege).

➻ Die meisten Gläser unterscheiden sich durch 3 Merkmale: durch die Mündung, die Form des Glases sowie das randvolle Füllvolumen, also die Menge Flüssigkeit, die in das Glas passt.

UMWELT FREUNDLICH

FÜLLVOLUMEN

Alle Glasbehältnisse haben ein vorgegebenes Füllvolumen. Diese Angabe wird in ml (Milliliter) angegeben und bezeichnet die randvolle Füllung des Glases. Meist finden Sie diese Angabe am unteren Teil des Konservenglases, entweder an der Seite oder am Boden.

Was das bedeutet, sei an einem Beispiel erklärt: In einem Glas mit einem randvollen Füllvolumen von 212 ml finden 212 ml Wasser bei einer Temperatur von 20 °C (Luft + Wasser) Platz. Mehr geht nicht in das Glas hinein. Dies bedeutet aber nicht, dass diese Menge Füllgut in Gramm in Ihr Glas passt. Die Gläser dürfen nur bis zur maximalen Füllhöhe befüllt werden. Das Füllgut benötigt nämlich Platz, sich beim Erhitzen ausdehnen zu können: bei Pasteurisierung 5 % des gesamten Füllvolumens, bei Sterilisierung 9 % des gesamten Füllvolumens.

➸ Pasteten, Wurst und Fleisch im Glas neigen zu starken Ausdehnungen, besonders wenn sie recht fetthaltig sind. Hier kann es passieren, dass das Glas anfangs verschlossen scheint, beim Vakuumziehen jedoch wieder aufspringt, wenn es zu voll ist. Man spricht von einem Scheinverschluss. Lassen Sie ca. ein Drittel des randvollen Füllvolumens frei. So hat die Masse beim Einkochen genügend Platz, sich auszudehnen.

➸ Teig im Glas braucht Platz zum »Gehen« und Backen. Die Gläser sollten daher nur bis zur Hälfte gefüllt werden. Besser wäre es sogar, nur ein Drittel des Glasvolumens zu befüllen.

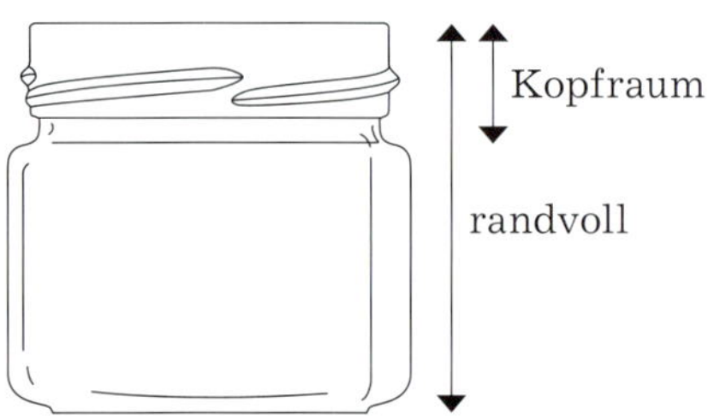

GLASFORMEN

STURZGLÄSER KONISCH

Besonders geeignet für Pasteten und Kuchen im Glas. Sturzgläser haben ein runde Form, die Mündung ist größer als der Boden, somit lässt sich der Inhalt bei Bedarf auch stürzen, was vor allem für Kuchen von Vorteil ist.
Auch Fingerfood und Suppen lassen sich darin servieren und Marmeladen bis zum letzten Tropfen aus dem Glas löffeln.

STURZGLÄSER GERADE

Auch diese Glasform ist für alle Arten von Pasteten, Suppen und Marmeladen geeignet, aber auch für Fingerfood. Die Form zeichnet sich durch die gerade Linie aus: Der Glasboden entspricht in seiner Größe exakt der Mündung.

ECKIGE GLÄSER

Es gibt sie in 6-eckiger, 8-eckiger, 10-eckiger und 12-eckiger Form. Diese Gläser können ohne Platzverschwendung in jedem Regal gut geschlichtet werden, allerdings bleibt Füllgut manchmal in den Ecken hängen.

GLASFLASCHEN

Auch hier gibt es verschiedene Formen für unterschiedliches Füllgut. Mehr dazu auf S. 224.

GLASMÜNDUNG

Über die Mündung lassen sich die Konservengläser in verschiedene Gruppen teilen:
Gläser mit Glasdeckel, Gläser mit Schraubdeckel, Bügelverschlussgläser

GLÄSER MIT GLASDECKEL REXGLÄSER & WECKGLÄSER

Gläser mit Glasdeckeln und Klammern kennen wir seit Generationen. Heute hat man die Glasdeckelgläser wiederentdeckt: Sie sind lange haltbar, wiederverwendbar, nur der Gummi- bzw. Silikonring sollte ab und zu ausgewechselt werden. Außerdem sind die Gläser durch die neue Deckelform besser stapelbar. Auch Butterbrotpapier und Cellophan wurden früher oft zum Verschließen verwendet und durch Fäden fixiert, diese „Einmachhaut" garantierte aber keinen 100%igen Luftabschluss.

BÜGELVERSCHLUSSGLÄSER

Es handelt sich dabei um zwei zusammenpassende Einzelgläser, die mit einem Metallbügel zusammengehalten und verschlossen werden. Diese Gläser sind in der Anschaffung teurer als die übrigen Gläser, bei Produzenten von hochwertigen Produkten dennoch sehr beliebt. Es gibt diese Gläser in runder, quadratischer und – oft aus Italien kommend – in kantig-eckiger Form mit besonders schönem Design. Seien Sie beim Abfüllen in diesen eckigen Bügelverschlussgläsern besonders vorsichtig, es kann zu Spannungen im Glas kommen, da die spitzen Kanten zu Spannungsrissen neigen.

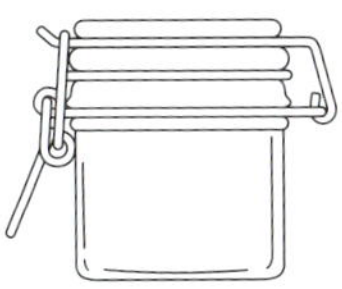

GLÄSER MIT SCHRAUBVERSCHLUSS

Diese Konservengläser gibt es in einer unglaublichen Anzahl von verschiedenen Serien, kein Wunder also, dass sie weltweit am meisten verkauft werden. Die Gläser lassen sich nach dem ersten Öffnen wieder verschließen. Die Haltbarkeit der Produkte ist nach dem ersten Öffnen zwar auf einige Tage beschränkt, aber sie eignen sich optimal für Marmeladen, saure Gurken, Suppen etc. Prinzipiell gibt es davon zwei Arten:

GLÄSER MIT EINER NOPPE
(so nennt man den schmalen horizontalen Glaswulst, der sich außen um die Öffnung windet) an der Mündung, die in 360 ° als Gewinde durchgehend um die ganze Mündung läuft (Home Canning oder GPI-Gläser). Diese Mündung hat den Vorteil, dass der Deckel daran nicht überdreht werden kann.

TWIST-OFF-GLÄSER
(TO-GLÄSER, AUF-ZU-GLÄSER)
Sie werden auch Nocken- oder Noppendrehverschlussgläser genannt und sind an mehreren Noppen (Glaswülsten) an der Mündung erkennbar. Keine von ihnen läuft 360 ° um die Glasmündung herum.

WELCHE MÜNDUNGSGRÖSSE FÜR WELCHES FÜLLGUT?

Bevor Sie ein Glas verwenden, sollten Sie dessen Mündung genau kontrollieren. Das gilt für neue, aber vor allem für gebrauchte Gläser, die Sie wiederverwenden möchten. Schon die kleinste schadhafte Stelle bedeutet unter Umständen, dass Ihr Glas nicht luftdicht schließt. Verwenden Sie nur völlig intakte Gläser.

MARMELADE, GELEES & HONIG

Es eignen sich alle Arten von Gläsern.

SAUER EINGELEGTES ODER FERMENTIERTES GEMÜSE, OBST & PILZE

Da diese Füllgüter (z.B. Gurken) häufig mit der Hand eingelegt werden, eignen sich Gläser mit eher großer Mündung (mind. 82 mm, besser 100–110 mm). Kleinere Mündungen sind unpraktisch, weil das Füllgut schlecht in das Glas geschlichtet werden kann. Zusätzlich sollte das Glas einen wesentlich größeren Körper (Bauch) als die Mündung aufweisen. Das Glas bildet so eine Art Schulter, die eine Stütze für längliche Gemüsearten bietet.

PESTO, CHUTNEYS, SENF, MEERRETTICH, FISCH

Wählen Sie Gläser mit möglichst kleiner Mündung (max. 66 mm, bei Meerrettich und Fisch bis max. 48 mm). Dadurch hat Ihr Füllgut wenig Fläche, um mit dem Deckel eine „Verbindung" einzugehen. Je kleiner die Mündung ist, desto kleiner ist die Deckelfläche und desto geringer das Risiko, dass die Deckelbeschichtung durch die Dämpfe der ätherischen Öle beeinträchtigt wird.

WURST, PASTETEN & FLEISCHAUFSTRICHE

Es eignen sich Sturzgläser oder konische Sturzgläser mit einer Mündung von 70–100 mm.

KUCHEN & BROT

Hier gilt: je breiter die Mündung, desto besser (mind. 66–110 mm).

ALLE ANDEREN ARTEN VON FÜLLGUT

benötigen keine besonderen Mündungsgrößen.

GLASFARBE

Grundsätzlich gilt: Je dunkler das Glas, desto höher ist der Lichtschutz für Ihr Füllgut. Die UV-Strahlen des Sonnenlichts können die Qualität des Füllgutes stark beeinträchtigen. Weißglas hat praktisch keinen Lichtschutz, Grünglas bietet nur unwesentlich mehr Schutz für Ihr Füllgut. Den besten Lichtschutz bieten braun-grün Mischungen (cuvée, olive, quercia oder antik genannt). Besonders lichtempfindliche Füllgüter sind etwa solche mit Speiseölen, Essig, Wein, Bier, Milchprodukten oder Honig.

DECKEL

Anhand der Glasmündung erkennen Sie, welchen Deckel Sie benötigen.

DECKEL AUS GLAS

Sie werden, wie bereits beschrieben, mithilfe von Metallklammern befestigt. Die Abdichtung zum Glas mit dem Füllgut wird durch einen Gummi- oder Silikonring gewährleistet, der nach mehrmaligem Gebrauch gewechselt werden sollte. Ansonsten sind diese Gläser lange halt- und nahezu unbegrenzt wiederverwendbar. Sie haben keine Plastikbeschichtungen und sind deshalb frei von Weichmachern und Bisphenol A.

Diese Systeme mit Metallklammern (Rex/WECK – daher kommen auch die Begriffe Einrexen oder Einwecken) wurden patentiert und sind weltweit einzigartig. Durch die flexiblen Klammern wird beim Erhitzen der überschüssige Dampf abgelassen, durch den Gummi kann beim Abkühlen ein perfektes Vakuum entstehen, danach werden die Klammern abgenommen. Beim Öffnen eines solchen Glases wird das Vakuum durch Ziehen des Gummirings aufgehoben. Sollte das Glas kein Vakuum mehr haben, so ist das Füllgut verdorben und nicht mehr genießbar.

METALLDECKEL

An der Innenseite des Deckels befindet sich ein Ring. Dieser Ring (im Fachjargon Compound genannt) besteht im Normalfall aus einer Plastikmasse und dient als Abdichtung zur Glasmündung.

BEI DER VERWENDUNG VON METALLDECKELN IST FOLGENDES ZU BEACHTEN

➳ Benutzen Sie jeden Deckel nur einmal! Der Compound ist nach der ersten Verwendung hart und daher unbrauchbar. Auch können bei mehrfachem Benutzen des Deckels kleinste Teile des Compounds in das Füllgut geraten. Sie entstehen durch das Ausbrechen der harten Masse beim Abkühlen nach dem Pasteurisieren oder Sterilisieren. Niemand möchte (wenn auch unsichtbare) Plastikteilchen in seiner Marmelade haben. Waschen Sie neue Deckel mit wenig warmem (nicht mit heißem) Wasser ab!

➳ Wenn Sie Deckel mit heißem Wasser (also auch im Geschirrspüler!) waschen, erwärmen Sie den Deckel bereits das erste Mal. Sollte der Deckel anschließend nur ein wenig kälter werden, härtet der Compound aus und der Deckel wird unbrauchbar.

➳ Legen Sie den Deckel nicht in Essigwasser oder Alkohol ein! Essigwasser und Alkohol greifen die Beschichtung des Deckels an. Es reichen wirklich schon wenige Augenblicke, um die Beschichtung des Deckels zu verletzen.

WELCHER DECKEL FÜR WELCHES FÜLLGUT?

Es gibt Deckel in unterschiedlichen Qualitäten, die meisten davon sind für Pasteurisation geeignet, also damit auch zum Einkochen bis zu einer Temperatur von 95 °C. Die Unterschiede liegen in der Beschichtung des Deckels und werden über einen Wert angezeigt, der in ppm/SO2 (parts per million/SO2) gemessen wird. Je höher dieser Wert ist, desto fett- und säurebeständiger ist der Deckel. Über diesen Wert lässt sich also ermitteln, für welches Füllgut Ihr Deckel geeignet ist. Senf braucht beispielsweise einen Deckel mit größerer Säureresistenz als Honig.

MARMELADE, HONIG

MIND. 20 PPM/SO2
Die meisten der Deckel, die im Supermarkt, Baumarkt oder Gartencenter erhältlich sind, entsprechen dieser Kategorie.

SAUERGEMÜSE, EINFACHE PESTOS

MIND. 60 PPM/SO2
Diese Deckel sind für eingelegtes Gemüse und leichte Essigmischungen bzw. sehr leichte Ölmischungen wie Sonnenblumenöl (nicht für aggressive Öle wie Olivenöl oder Kürbiskernöl) geeignet.

FETTHALTIGE UND ESSIGHALTIGE FÜLLGÜTER

MIND. 95–100 PPM/SO2
Mit diesem Deckel können Sie alles verschließen, nur mit Alkohol sollten Sie aufpassen: Die Volumenprozenthöhe des verwendeten Alkohols ist hier maßgeblich. Diese Deckel sind nur unwesentlich teurer als andere und können bedenkenlos für alle Füllgüter verwendet werden.

SCHARFES

100 PPM/SO2
Paprika, Chili, Meerrettich, Wasabi, Zwiebel, Jungzwiebel (Silberzwiebel), Spargel, Senf bzw. Senfkörner, Öle wie Olivenöl, Kürbiskernöl, Essige oder Essig-Öl-Mischungen. Bereits bei kleinsten Mengen dieser Produkte in Ihrem Füllgut sollte ein solcher Deckel verwendet werden.

➳ Rat im Deckel-Dschungel finden Sie in Ihrer Fachhandlung für Haushaltswaren oder unter myrex.at/gut-zu-wissen

➳ DECKELKUNDE

➳ **Bisphenol A**
Bisphenol A ist ein Weichmacher, der zum Flüssigmachen von Kunststoffen verwendet wird. Im Deckel von Konserven kam Bisphenol A früher in einigen Lackarten am außen liegenden Teil des Deckels zum Einsatz. Fast alle Hersteller von Metalldeckeln haben nun ihre Rezepturen verändert und bieten sowohl PVC-freie Deckel (siehe unten) als auch »normale« Deckel ohne Bisphenol A an.

➳ **PVC-freie Deckel**
Polyvinylchlorid (PVC) ist ein auf Wärme reagierender Kunststoff, der bis vor einiger Zeit unter Beimischung von Weichmachern und Stabilisatoren im Deckelbereich verwendet wurde. Sowohl Deckelinnenseite als auch der Ring an der Innenseite des Deckels (= Compound) kommen mit dem Füllgut in Berührung. Diese »Kommunikation« von Füllgut und Deckel gilt als gesundheitlich bedenklich. Mittlerweile bieten aber mehrere Hersteller PVC-freie Verschlüsse an.

FÜLLGUT VERSCHLIESSEN

Der richtige Verschluss ist das A und O beim Einrexen. Übermäßige Muskelkraft ist dabei nicht notwendig – sie ist sogar kontraproduktiv. Wenn ein Deckel so fest wie möglich angedreht wird, besteht die Gefahr des Überdrehens. Das bedeutet, dass die Noppen im Metalldeckel aufgebogen werden. Es ist ein deutliches Klicken zu hören, der Deckel am Gewindegang greift nicht.

PRODUKTE, DIE EINGEREXT, EINGEKOCHT ODER PASTEURISIERT WERDEN

➻ Legen Sie den Deckel auf das Glas und beobachten Sie eine Noppe. Diese sollte sich beim Verschließen bis zum ersten Druckpunkt max. ein Drittel am Gewindegang bewegen. Das Glas ist noch offen, aber nach dem Erwärmen und dem darauffolgenden Abkühlen entsteht ein Vakuum, welches das Glas perfekt verschließt.

HOW TO DO

KALTABFÜLLUNGEN ODER PRODUKTE, DIE WARM EINGEFÜLLT WERDEN, ABER NICHT MEHR PASTEURISIERT WERDEN DÜRFEN

SETZEN SIE DIE KOPFRAUM-PASTEURISIERUNG FÜR DEN HAUSGEBRAUCH EIN:

➻ Legen Sie die Deckel mit der lackierten Seite nach unten für ca. 2-5 Sekunden auf eine warme, aber nicht zu heiße Herdplatte oder in eine alte Pfanne. Die Hitze darf den Deckel nicht verbrennen, soll diesen aber stark erwärmen. Nehmen Sie den Deckel mit einem Kochhandschuh (heiß!) und verschließen Sie bis zum ersten Druckpunkt max. ein Drittel des Gewindegangs. Nach kurzer Zeit zieht der Deckel ein Vakuum, Ihr Glas ist fest verschlossen. Falls Ihnen das zu aufwendig ist, können Sie den Deckel max. bis zur Hälfte des Gewindegangs andrehen. Hier ist Fingerspitzengefühl gefragt!

➻ Vorsicht bei schlecht geschlossenen Gläsern: Heißes Füllgut kann auslaufen (Verbrennungsgefahr)!

SMOOTHIES & OVERNIGHT OATS

AUFSTRICHE ➳ AUFS BROT, ZUM BROT

SUPPEN ➳ HEISS & KALT, KLAR & CREMIG

SALATE & WARME HAUPTGERICHTE

DESSERTS ➳ AUS DEM KÜHLSCHRANK, AUS DEM OFEN

REZEPTE

FEIN & FRISCH IM GLAS

ZUM ZUBEREITEN,
MITNEHMEN & SERVIEREN

SMOOTHIES & OVERNIGHT OATS

COOL & KÖSTLICH

WICHTIGES
AUF EINEN BLICK

SMOOTHIES, FRISCH & BUNT

Smoothies sollten am Tag der Produktion getrunken und, wenn ins Büro oder im Sommer zum Picknick mitgenommen, möglichst in einer Kühltasche transportiert werden. Ein Spritzer Zitronen- oder Limettensaft sichert die strahlenden Farben der schnell gemixten Drinks. Smoothies sind ein vitaminreicher Snack und eignen sich als höchst willkommenes Mitbringsel. Auch bei Partys für unsere jüngsten Feinschmecker kommen sie gut an.

FLASCHEN MIT WEITEM HALS ODER HOHE GLÄSER

aus denen gleich getrunken werden kann, eignen sich zum Abfüllen von Smoothies. Sie lassen sich außerdem leichter reinigen. Perfekt geeignet sind Milchflaschen und Tulpengläser.

FRÜHSTÜCK SCHLÜCKCHENWEISE

Die Smoothie Bowl ist ideal für alle, die morgens noch zu müde zum Kauen sind. Damit das flüssige Frühstück auch gut sättigt, können Sie gemeinsam mit Früchten, Säften und verschiedenen Milchsorten auch ein paar Esslöffel Getreideflocken in den Mixer geben und die Smoothie Bowl mit Nüssen garnieren.

➵ Wenn Sie Ihr Frühstück transportieren wollen, werden Fruchtstückchen, Beeren und Nüsse extra verpackt und erst kurz vor dem Genuss in die Smoothie Bowl gestreut.

➵ Wenn Sie mehrere Gläser oder Flaschen transportieren, sollten die Glas-/Flaschenmündungen nicht aneinanderschlagen (evtl. Küchentuch dazwischenklemmen). Die Gläser könnten sich durch die Berührung gegenseitig öffnen.

OVERNIGHT OATS

schmecken nicht nur am Morgen, sondern gut gekühlt den ganzen Tag. Wer die leichte, aber trotzdem nahrhafte Getreidespeise mitnimmt, sollte die Früchte erst kurz vor dem Essen untermischen.

FLOCKEN ÜBER NACHT QUELLEN LASSEN

Wie schon der Name andeutet, werden die Getreideflocken für die Overnight Oats über Nacht eingeweicht. Das macht Ihr Frühstück angenehm cremig, es schmeckt besser und ist gut verdaulich.

IM EINKLANG MIT DER JAHRESZEIT

Smoothies, Smoothie Bowls und Overnight Oats möglichst mit saisonalen Früchten zubereiten. Vollreifes, aromatisches Obst schmeckt einfach am besten!

KÖSTLICHE KOMBINATIONEN AUS DEM GLAS

Erdbeer-Melonen-Fenchel-Smoothie (S. 34) und Puntalette-Salat mit grünem Spargel und Avocado (S. 72), „Trinksalat“ (Green Smoothie, S. 34) und ein Brötchen mit Räucherforellenaufstrich mit Mandeln (S. 46).

GOLDENE CASHEWMILCH
mit Aprikosen

ZUTATEN FÜR CA. 1 LITER

¾ TL Kurkuma, gemahlen
800 ml Wasser
80 g getrocknete Soft-Aprikosen, kleine Stücke
60 g Cashewmus
¼ TL Bourbon-Vanille, gemahlen
Samen aus 8 Kardamomkapseln, zerstoßen
4 Pimentkörner, zerstoßen
1½ TL frischer Ingwer, fein geraspelt
schwarzer Pfeffer

1 Kurkuma in einem kleinen Topf mit 150 ml Wasser vermischen, kurz aufkochen und abkühlen lassen.

2 Aprikosen mit 650 ml kaltem Wasser vermischen und 30 Minuten quellen lassen.

3 Im Mixglas aus Kurkuma-Wasser, Aprikosen, deren Einweichflüssigkeit, Cashewmus, Vanille, Kardamom, Piment und Ingwer einen schäumenden Drink mixen.

4 Goldene Cashewmilch mit Pfeffer abschmecken.

SCHÄUMENDE ABWECHSLUNG

Diesen cremigen Drink kann man auch mit getrockneten Mangos zubereiten. Dabei empfiehlt es sich, etwas härtere getrocknete Mangos kurz in der Einweichflüssigkeit aufzukochen.

➻ Der Drink schmeckt auch mit Mandel- oder Haselnussmus. Würzen lässt er sich auch mit gemahlenem Zimt und/oder einem Hauch Muskatnuss.

PFEFFER ALS VERSTÄRKER

Eine Prise schwarzer Pfeffer verleiht dem Drink nicht nur eine leichte Schärfe und das typische Pfefferaroma, er hat auch gesundheitliche Bedeutung:

➻ Schwarzer Pfeffer erhöht die Bioverfügbarkeit von Kurkumin, dem Hauptinhaltsstoff von Kurkuma. Kurkumin wirkt entzündungshemmend.

ERDBEER-MELONEN-FENCHEL-SMOOTHIE

ZUTATEN FÜR CA. 1 LITER

350 g Erdbeeren, kleine Stücke
350 g Zuckermelone, kleine Stücke
150 g Fenchel, kleine Stücke
330 ml Kokoswasser
½ TL Bio-Zitronenschale, fein gehackt

1 Erdbeeren, Zuckermelone, Fenchel, Kokoswasser und Zitronenschale in den Mixer geben und daraus einen schäumenden Smoothie mixen.

REIFE BEEREN & FRÜCHTE VERARBEITEN

Das ist ein echter Sommer-Smoothie! Sollten die Früchte einmal nicht ganz so süß sein, dann mit 1 TL Honig oder Ahornsirup abschmecken.

GREEN SMOOTHIE
mit Feldsalat, Mandelmilch & Banane

ZUTATEN FÜR CA. 1 LITER

100 g Feldsalat, grob geschnitten
200 g Bananen, Stücke
600 ml Mandelmilch, ungesüßt
40 ml Minzsirup
2 TL Bourbon-Vanillezucker

1 Im Mixglas aus Feldsalat, Bananen, Mandelmilch, Minzsirup und Vanillezucker einen schäumenden Drink mixen.

»TRINKSALAT« MIT ZITRONENMELISSE

Diesen Smoothie, der auch beim Mitnehmen ins Büro seine strahlend grüne Farbe behält, zur Abwechslung mit 60 ml Zitronenmelissensirup zubereiten.

FRISCH & GSUND

APRIKOSEN-MANGO-LASSI
mit Blütenpollen

ZUTATEN FÜR CA. 1 LITER
200 g reife, saftige Aprikosen, Stücke
200 g reife Mango, Stücke
400 g Joghurt
250 ml Orangensaft, frisch gepresst
1½ EL Honig
4 TL Blütenpollen

1 Im Mixglas oder mit dem Mixstab aus Aprikosen, Mango, Joghurt, Orangensaft und Honig ein schäumendes Lassi mixen.

2 Vor dem Servieren das Aprikosen-Mango-Lassi mit den Blütenpollen bestreuen.

JOGHURT SELBST GEMACHT
Joghurt kann man ganz einfach zu Hause herstellen.
➸ Einfach 1 Liter Milch fast zum Kochen bringen und dann auf 35-40 °C abkühlen lassen. Dabei unbedingt die Temperatur mit einem Thermometer kontrollieren! 100 g Naturjoghurt zur Milch geben und alles gut verrühren. Die Mischung in Gläser mit Schraubverschluss füllen. Die Gläser verschließen und bei maximal 40 °C ca. 8 Stunden im Backofen temperieren. Fertig ist das Joghurt!

SMOOTHIE BOWL
mit Beeren und Nektarinen

ZUTATEN FÜR 4 PORTIONEN
80 g feine Haferflocken
500 ml Mandelmilch, ungesüßt
2 reife Bananen, Stücke
500 g Himbeeren
1 EL Ahornsirup (oder Honig)
½ TL Bourbon-Vanille, gemahlen
3 Nektarinen, kleine Spalten
200 g Brombeeren

1 Haferflocken mit 200 ml Wasser vermischen, kalt stellen und über Nacht zugedeckt quellen lassen.

2 Am Morgen eingeweichte Haferflocken, Mandelmilch, Bananen, 400 g Himbeeren, Ahornsirup und Vanille im Mixer fein pürieren.

3 Den „Smoothie zum Löffeln“ portionsweise in Gläsern anrichten. Nektarinen, Brombeeren und restliche Himbeeren extra in Gläser geben und dazu reichen.

GRUNDREZEPT FÜR VIELE VARIATIONEN
Ob Frühstück oder Snack für zwischendurch – die schnell gemixte Smoothie Bowl schmeckt immer! Dieses Grundrezept lässt sich im Einklang mit der Jahreszeit und je nach Vorratslage vielfältig variieren: Smoothie Bowl mit Reis-, Dinkel- oder Hirseflocken zubereiten.
➸ Strahlendes Rosa in die Schüssel bringen auch tiefgekühlte Erdbeeren. Früchte der Saison, ob Pfirsich, Birne, Traube oder Melone, sorgen für den richtigen Biss und auch Apfeldicksaft oder Honig versüßen dieses Rezept.

OVERNIGHT OATS
mit Apfel, Orange, Pflaumen und Granatapfel

ZUTATEN FÜR 4 PORTIONEN
100 g Haferflocken
250 ml Milch
400 g Joghurt
2 EL Honig
2 saftige, säuerliche Äpfel, grob geraspelt
2 EL Rosinen
2 Orangen, kleine Stücke
200 g Pflaumen, kleine Stücke
½ Granatapfel, Kerne ausgelöst
2 EL geröstete Haselnüsse, gehackt

1 Haferflocken mit der Milch vermischen, kalt stellen und über Nacht quellen lassen.

2 Am Morgen die Haferflocken, Joghurt und Honig gut verrühren. Äpfel, Rosinen und die Hälfte der Orangen untermischen.

3 Overnight Oats in Gläser füllen. Restliche Orangen, Pflaumen, Granatapfelkerne und Haselnüsse darüberstreuen.

FLOCKIGE VARIATIONEN

➽ Sommernachts-Oats vegan
100 g Fünfkornflocken mit 250 ml zuckerfreier Mandel-, Soja- oder Reismilch vermischen und über Nacht quellen lassen. Morgens 400 g ungesüßtes Sojajoghurt, 2 EL Ahornsirup, 6 in kleine Stücke geschnittene Aprikosen und 2 EL getrocknete Cranberrys untermischen. Oats in Gläser füllen, 300 g klein geschnittene Melone, 100 g Brombeeren und 2 EL Mandelsplitter daraufgeben.

➽ Erntezeit-Oats
100 g Dinkelflocken mit 250 ml Milch vermischen, über Nacht quellen lassen. Morgens mit 2 grob geraspelten Birnen, 2 gehackten Trockenpflaumen, 1 EL Apfeldicksaft und 1 Prise Zimt vermischen. Oats in Gläser füllen, 400 g halbierte weiße und blaue Trauben sowie 2 EL gehackte Walnüsse daraufgeben.

AUFSTRICHE AUFS BROT, ZUM BROT

UND ALS ★ Dip

WICHTIGES AUF EINEN BLICK

JE BESSER DIE ZUTATEN, DESTO KÖSTLICHER DAS ERGEBNIS

Das gilt auch für Butter, die mit Kräutern, Gewürzen und Samen cremig gerührt wird. Es macht einen geschmacklichen Unterschied, ob diese Brotaufstriche mit milder Süßrahmbutter oder der etwas kräftigeren Sauerrahmbutter zubereitet werden. Besonders aromatisch schmeckt Rohmilchbutter, diese gibt es in Naturkostläden, der Feinkostabteilung in Supermärkten und Käsefachgeschäften.

➸ Die Butterspezialitäten werden nicht nur aufs Brot gestrichen, sondern harmonieren auch mit gegrilltem Gemüse, Fisch, Geflügel, Fleisch, gedämpften Kartoffeln oder Tagliatelle.

EIN GRUSS AUS DER KÜCHE ERFREUT DIE GÄSTE

Als Auftakt zu einem festlichen Menü wird Sesam-Zitronen- oder Basilikum-Mohn-Butter (S. 44) attraktiv in kleinen Gläsern serviert, dazu gibt's knuspriges Brot.

ER HEISST KÄSE, IST ABER KEINER

„Erdäpfelkas" ist eine beliebte oberösterreichische Aufstrichspezialität auf Basis von gekochten und zerdrückten Kartoffeln. Wir interpretieren diesen Klassiker dreifach neu: mit Basilikum und Kapern, Ei und Schafgarbe sowie Petersilie, Kümmel und Meerrettich (S. 48). „Erdäpfelkas" eignet sich für die Bewirtung einer größeren Gästezahl, er ist einfach zuzubereiten und die Zutaten sind preisgünstig. Kaltes Buffet neu und attraktiv: Füllen Sie die Aufstrichspezialität portionsweise in kleine Gläser und reihen Sie diese auf dem Buffet auf!

IM GLAS BACKEN

Flache Gläser sind nicht nur Transportmittel, sondern auch als preisgünstige Backförmchen für schnell zubereitete Käsegerichte geeignet (Gebackener Thymian-Ricotta, S. 51). Soll die Köstlichkeit anschließend transportiert werden, einfach Deckel aufsetzen!

SESAM-ZITRONEN-BUTTER
mit Knoblauch

ZUTATEN FÜR CA. 250 G GEWÜRZBUTTER

25 g ungeschälter Sesam
200 g weiche Sauerrahmbutter, kleine Stücke
1½ EL Sesamöl, geröstet
Schale von 1 Bio-Zitrone, abgerieben
1 Knoblauchzehe, fein gehackt
½ TL Meersalz
Pfeffer

1 Eine trockene Pfanne erhitzen, den Sesam darin unter Rühren kurz rösten, bis die Körnchen anfangen hochzuspringen. Sesam aus der Pfanne nehmen, im Mörser grob zerstoßen.

2 Butter und Sesamöl glatt rühren. Sesam, Zitronenschale, Knoblauch und Salz untermischen. Sesam-Zitronen-Butter mit Pfeffer abschmecken.

PRIMA ZU GEGRILLTEM

Diese nussige Butter ist eine feine Begleitung für Ofenkartoffeln, gegrilltes Gemüse, zarten Fisch und saftige Hühnerkeulen, schmeckt aber auch pur auf geröstetem Brot oder Vollkornbrötchen.

MOHNBUTTER
mit Basilikum

ZUTATEN FÜR CA. 250 G GEWÜRZBUTTER

25 g Mohn, ungemahlen
200 g weiche Süßrahmbutter, kleine Stücke
1½ EL kaltgepresstes Mohnöl
4 EL frisches Basilikum, fein geschnitten
½ TL frischer Ingwer, fein gehackt
1 Prise Muskat
½ TL Meersalz

1 Eine trockene Pfanne erhitzen, Mohn darin unter Rühren kurz rösten und anschließend im Mörser grob zerstoßen.

2 Butter und Mohnöl glatt rühren. Mohn, Basilikum, Ingwer und Muskat untermischen. Gewürzbutter mit Salz abschmecken.

BUTTERBROT, NEU INTERPRETIERT

Knuspriges Brot von Ihrem Lieblingsbäcker mit der Mohn-Basilikum-Butter bestreichen, dazu ein paar Radieschen und fertig ist der Snack! Die aromatisierte Butter harmoniert aber auch mit Süßem, z.B. mit Himbeermarmelade.

RÄUCHER-FORELLEN-AUFSTRICH
mit Mandeln

ZUTATEN FÜR 4 PORTIONEN
100 g Räucherforellenfilet (ohne Haut)
1 TL Butter
2 EL Mandelsplitter
120 g Mascarpone
50 g saure Sahne
1½ TL Dijonsenf
Salz, Pfeffer

1 Räucherforellenfilet fein zerpflücken, dabei etwaige Gräten entfernen. Forellenfilet sehr fein hacken.

2 Butter in einer kleinen Pfanne schmelzen. Mandeln darin unter Rühren kurz braten und fein hacken.

3 Mascarpone, saure Sahne und Senf glatt rühren. Räucherforelle und Mandeln untermischen. Aufstrich mit Senf, Salz und Pfeffer abschmecken.

CREMIGER FISCH AUF BROT
Aufstrich mit heimischem Fisch passt auch bestens zu Crackern und Grissini. Für eine rosa Variante mit Lachsforelle zubereiten!

PIKANTER DIP
aus Ofengemüse und Räuchertofu

ZUTATEN FÜR 4 PORTIONEN
6 EL Olivenöl
1 rote Paprikaschote, geviertelt
200 g Tomaten, halbiert
100 g Zwiebel, feine Spalten
4 Knoblauchzehen, geschält
200 g Räuchertofu, kleine Stücke
1 TL Sherryessig
½ TL getrockneter Thymian
1 TL getrockneter Oregano
Salz
Chilipulver

1 Backofen auf 200 °C Ober-/Unterhitze (180 °C Umluft) vorheizen. Backblech mit ½ EL Öl bestreichen. Paprika, Tomaten, Zwiebeln und Knoblauch nebeneinander darauflegen, mit 1 EL Olivenöl beträufeln. Gemüse im vorgeheizten Ofen 20 Minuten garen.

2 Paprika- und Tomatenhaut abziehen. Paprika, Tomaten und Zwiebeln in kleine Stücke schneiden.

3 Im Cutter (Multizerkleinerer) oder mit dem Mixstab aus Paprika, Tomaten, Zwiebeln, Knoblauch, Räuchertofu, restlichem Öl, Essig, Thymian und Oregano einen Dip mixen. Dip mit Salz und Chili abschmecken.

ERDÄPFELKAS
mit Basilikum und Kapern

ZUTATEN FÜR 4 PORTIONEN
250 g mehlig kochende Kartoffeln
1 EL weiche Butter, kleine Stücke
75 g saure Sahne
2 Handvoll Basilikumblätter, fein geschnitten
1 EL Kapern, fein gehackt
1 Knoblauchzehe, fein gehackt
Salz, Pfeffer

1 Kartoffeln in der Schale weich dämpfen, schälen und heiß durch die Kartoffelpresse drücken oder fein raspeln. (Sie brauchen insgesamt 200 g Kartoffeln.) Die heißen Kartoffeln mit der Butter verrühren.

2 Im Cutter (Multizerkleinerer) oder mit dem Mixstab saure Sahne und Basilikum zu einer glatten Creme verarbeiten.

3 Kartoffeln, Basilikumcreme, Kapern und Knoblauch verrühren. Aufstrich mit Salz und Pfeffer abschmecken.

LOCKERES MUNDGEFÜHL
Mit dem Pürierstab zerkleinert, wird Erdäpfelkas pappig und gelartig. Werden die Kartoffeln durch eine Presse gedrückt oder fein geraspelt, werden sie schön locker. Stärke wird beim Pürieren nämlich stärker zerstört und Stärkebestandteile bilden dann Gele aus.

ERDÄPFELKAS
mit Ei und Schafgarbe

ZUTATEN FÜR 4 PORTIONEN
200 g mehlig kochende Kartoffeln
75 g saure Sahne
½ TL Senf
¼ TL Apfelessig
1 hart gekochtes Ei, grob gehackt
1 Frühlingszwiebel, fein gehackt
1 EL frische Schafgarbe, fein gehackt
Salz, Pfeffer

1 Kartoffeln in der Schale weich dämpfen, schälen und heiß durch die Kartoffelpresse drücken oder fein raspeln. (Sie brauchen insgesamt 150 g Kartoffeln.)

2 Kartoffeln mit saurer Sahne, Senf und Apfelessig glatt rühren, Ei unterrühren. Frühlingszwiebeln und Schafgarbe untermischen. Aufstrich mit Salz und Pfeffer abschmecken.

**ERDÄPFELKAS -
EINE ÖSTERREICHISCHE AUFSTRICH-SPEZIALITÄT AUF KARTOFFELBASIS**
Erdäpfelkas gibt es in vielen Varianten. Diese hier, mit Meerrettich und Kümmel, ist besonders pikant:
➳ Dafür 150 g mehlige, gekochte, geschälte, geraspelte Kartoffeln mit 100 g saurer Sahne, 2 TL geraspeltem Meerrettich (frisch oder aus dem Glas) und 1 TL Rapsöl glatt rühren. 4 EL gehackte Petersilie und ½ TL gemahlenen Kümmel untermischen. Aufstrich mit Salz abschmecken.

GEBACKENER THYMIAN-RICOTTA

ZUTATEN FÜR 4 PORTIONEN

3 EL Olivenöl
4 kleine Zweige Thymian
1 kleiner Zweig Rosmarin
600 g Ricotta
Pfeffer

1 Backofen auf 200 °C Ober-/Unterhitze (180 °C Umluft) vorheizen. 4 flache Gläser (à 250 ml) dünn mit Öl ausstreichen. Thymian und Rosmarin fein zerpflücken. Zwei Drittel der Kräuter in die Gläser streuen.

2 Ricotta auf die Gläser verteilen und festdrücken. Mit den restlichen Kräutern bestreuen, leicht pfeffern und mit Öl beträufeln.

3 Ricotta im vorgeheizten Ofen ca. 35 Minuten backen. Der Ricotta soll an den Rändern appetitlich gebräunt sein.

4 Gebackener Ricotta schmeckt heiß, lauwarm und kalt – und besonders gut mit marinierten, leicht getrockneten Tomaten.

MARINIERTE, LEICHT GETROCKNETE TOMATEN

ZUTATEN FÜR 4 PORTIONEN

1 kg kleine, reife Tomaten
1-2 EL Sherryessig
4 EL Olivenöl
2 TL frischer Oregano, gehackt
Salz, Pfeffer

1 Backofen auf 120 °C Ober-/Unterhitze (100 °C Umluft) vorheizen. Tomaten kurz in kochendes Wasser legen, in einem Sieb abtropfen lassen und die Haut abziehen. Tomaten halbieren.

2 Tomaten mit der Schnittfläche nach oben nebeneinander auf ein Backblech setzen und im vorgeheizten Ofen 1–1½ Stunden trocknen.

3 Die leicht getrockneten Tomaten mit Essig, Öl und Oregano vermischen, mit Salz und Pfeffer abschmecken.
Tomaten etwas marinieren lassen.

WARM & KALT

SUPPEN HEISS & KALT, KLAR & CREMIG

WICHTIGES
AUF EINEN BLICK

KALTE SUPPEN FÜR DIE WARME JAHRESZEIT

Blitzschnell gemixt sind erfrischende kalte Suppen (wie die Mandel-Knoblauch-Suppe mit Trauben, S. 54). Sofort in Gläser abfüllen, kalt stellen und mit Eiswürfeln servieren. An einem lauen Sommerabend ein eiskalter Renner!

MITTAGSSNACK FÜRS BÜRO

Gehaltvolle Suppen sind das perfekte Mittagessen zum Mitnehmen (Beispiele dafür finden Sie von S. 54 bis S. 64). Suppen lassen sich gut vorbereiten, einfach im Glas transportieren, machen angenehm satt, aber nicht voll.

SUPPEN AUFWÄRMEN IM BÜRO

Ob Sie das Glas ins Wasserbad oder in die Mikrowelle stellen – der Deckel muss auf jeden Fall abgenommen werden. Beim Erwärmen in der Mikrowelle zudem sämtliche Metallteile wie Bügel oder Verschlüsse vom Glas entfernen.

SUPPEN, EINGEKOCHT

Cremesuppen wie z.B. die Karotten-Kürbis-Mango-Suppe (S. 56) oder die orientalische Tomatensuppe (S. 64) sind zum Einkochen gut geeignet. Suppen sind eine prima Möglichkeit, Sommergemüse auch im Winter zu genießen.

KÖSTLICHE KOMBINATIONEN AUS DEM GLAS

Praktische kleine Menüs sind Suppe und Salat, z.B. die Karotten-Kürbis-Mango-Suppe (S. 56) und der Asia-Nudelsalat mit Huhn und Mandarine (S. 75). Viele schätzen eine leichte Suppe als Hauptgericht und verwöhnen sich dann mit einer süßen Hauptspeise, so sind z.B. die Rucola-Kartoffel-Suppe (S. 59) und der cremige Milchreis mit Erdbeeren (S. 88) eine gute Kombination.

SNACKS TO GO!

KALTE MANDEL-KNOBLAUCH-SUPPE
mit Trauben

ZUTATEN FÜR 4 PORTIONEN

120 g geschälte Mandeln, grob gehackt
600 ml eiskaltes Wasser
3 Knoblauchzehen, grob gehackt
50 g trockenes Weißbrot ohne Rinde, fein zerkrümelt
2 EL Olivenöl
½ EL Sherryessig
Salz, schwarzer Pfeffer

Garnitur
250 g weiße und blaue Trauben, halbiert
8 Eiswürfel
2 EL Mandelsplitter, geröstet (optional)

1 Die Mandeln mit 600 ml eiskaltem Wasser im Mixglas oder mit dem Mixstab auf höchster Stufe fein pürieren.

2 Knoblauch, Brot, Öl und Essig dazugeben und alles auf höchster Stufe zu einer vollkommen glatten Suppe pürieren.

3 Die Mandel-Knoblauch-Suppe mit Salz und Pfeffer abschmecken und mindestens 1 Stunde kalt stellen.

4 Mandel-Knoblauch-Suppe portionsweise mit Trauben, gerösteten Mandeln und Eiswürfeln anrichten. Wer möchte, dekoriert mit gerösteten Mandelsplittern.

BLITZ-VARIANTE EINER ANDALUSISCHEN SUPPE

Im heißen spanischen Sommer sind eisgekühlte Suppen gefragt. Neben Gazpacho ist diese fruchtig-nussige Suppe ein beliebter Klassiker - reichlich Knoblauch enthalten beide. Sie können das erfrischende und nahrhafte Süppchen auch mit Nussmus zubereiten. Achten Sie aber darauf, dass es zu 100 % aus Mandeln bzw. Nüssen besteht.

ORIGINALZUBEREITUNG IM MÖRSER

Sollten Sie frisch geerntete Mandeln kaufen können, dazu Zeit und einen großen Mörser haben, dann gönnen Sie sich das Vergnügen, die berühmte weiße Suppe ganz stilecht zuzubereiten:

➳ Mandeln kurz in kochendes Wasser legen, schälen, im Backofen leicht trocknen. Im Mörser Mandeln, Knoblauch und Weißbrot fein zerstoßen, wie bei einer Mayonnaise nach und nach das Öl einarbeiten, dann den Essig untermischen. Mandelcreme in eine Suppenschüssel geben, nach und nach das eiskalte Wasser unterrühren.

KALT, ABER DUFTE

Je wärmer eine Speise ist, desto mehr duftet sie, da die natürlich enthaltenen Aromen »flüchtiger« werden. Kalte Suppen brauchen daher besonders aromatische Zutaten - wie z.B. den Knoblauch.

KAROTTEN-KÜRBIS-MANGO-SUPPE

ZUTATEN FÜR 8 PORTIONEN

2½ EL Rapsöl
2 rote Zwiebeln, fein gehackt
180 g Kürbis, kleine Würfel
620 g Karotten, dünne Scheiben
Muskatblüte, gemahlen
½ TL Fenchelsamen, zerstoßen
½ TL Koriandersamen, zerstoßen
1250 ml Gemüsebrühe
300 g sehr reife Mango, kleine Stücke
Schale von ½ Bio-Zitrone (oder Bio-Mandarine), abgerieben
2 EL Limettensaft
Salz, Pfeffer

1 In einem Topf 2 EL Öl erhitzen. Zwiebeln darin weich und glasig dünsten.

2 Kürbis, Karotten, Muskatblüte, Fenchel- und Koriandersamen dazugeben und unter Rühren ca. 5 Minuten dünsten.

3 Mit Gemüsebrühe aufgießen. Suppe zum Kochen bringen und zugedeckt ca. 10 Minuten köcheln lassen, bis das Gemüse weich ist.

4 In einer beschichteten Pfanne ½ EL Öl erhitzen. Mango darin unter Rühren kurz anbraten.

5 Mango in die Suppe rühren. Alles mit dem Mixstab fein pürieren. Karotten-Kürbis-Mango-Suppe mit Zitronenschale, Limettensaft, Salz und Pfeffer abschmecken.

SCHLAUE VORRATSHALTUNG

Kochen Sie von dieser Suppe gleich größere Mengen - sie eignet sich hervorragend zum Einkochen. Suppe in Gläser füllen und nach der Methode Ihrer Wahl bei 95 °C für 30 Minuten pasteurisieren.

FRUCHT & GEMÜSE

ZITRONIGE RUCOLA-KARTOFFEL-SUPPE
mit Croûtons

ZUTATEN FÜR 4 PORTIONEN

750 ml Gemüsebrühe
450 g mehlig kochende Kartoffeln, geschält, grobe Stücke
100 g Rucola, grob gehackt
½ Bund Petersilie, grob gehackt
Schale von ½ Bio-Zitrone, abgerieben
½-1 EL Zitronensaft
Salz, Pfeffer
1 Prise Muskatblüte, gemahlen

Croûtons
1 EL Butter
2 Scheiben Schwarzbrot, kleine Würfel

Garnitur
4 EL saure Sahne

1 Gemüsebrühe zum Kochen bringen. Kartoffeln dazugeben, in ca. 10 Minuten zugedeckt weich köcheln lassen.

2 Am Ende der Garzeit Rucola, Petersilie und Zitronenschale dazugeben und die Suppe mit dem Mixstab sehr fein pürieren. Rucola-Kartoffel-Suppe mit Zitronensaft, Salz, Pfeffer und Muskatblüte abschmecken.

3 Während die Suppe gart, Butter in einer Pfanne schmelzen, Brot darin unter Rühren zu knusprigen Croûtons braten.

4 Suppe portionsweise anrichten, mit einem Klacks saurer Sahne und den Croûtons garnieren.

FRISCHES GRÜN FÜR LANGE WINTER

Rucola und Petersilie erfreuen uns auch im tiefsten Winter mit leuchtender Farbe und frischem Aroma. Mit dieser schnell zubereiteten Suppe kommt dann schon ein Hauch Frühling auf den Tisch. Die Suppe eignet sich perfekt zum Aufwärmen. Am besten gleich mehrere Portionen gut verschlossen in Gläsern zur Arbeit mitnehmen - die Kollegen wollen sicher kosten!

LEICHT & GUT

PROVENÇALISCHE GEMÜSESUPPE
mit Pistou

ZUTATEN FÜR 4 PORTIONEN

Pistou
600 g Tomaten
4 EL Olivenöl
1 kleine Zwiebel, fein gehackt
3 Knoblauchzehen, fein gehackt
½ EL Mehl
½ TL getrockneter Thymian
Salz
Pfeffer
4 EL Parmesan, frisch gerieben
½ Bund Basilikum, fein gehackt

Suppe
1500 ml Gemüsebrühe
150 g Kartoffeln, kleine Würfel
150 g Karotten, dünne Scheiben
50 g Sellerie, dünne Streifen
1 Lorbeerblatt
150 g grüne Bohnen, kleine Stücke
150 g Lauch, 1 cm breite Streifen
100 g grüne Erbsen (frische oder TK)
Salz
Pfeffer

1 Für den Pistou Tomaten kurz in kochendes Wasser legen, abgießen und die Haut abziehen. Tomaten in kleine Stücke schneiden.

2 Olivenöl in einer Pfanne erhitzen, Zwiebeln darin bei milder Hitze weich und glasig dünsten. Knoblauch dazugeben, unter Rühren kurz anbraten. Mit Mehl bestäuben, unter Rühren kurz anrösten.

3 Tomaten untermischen, mit Thymian, Salz und Pfeffer würzen und alles in ca. 10 Minuten zu einer Tomatensauce einkochen. Pistou vom Herd nehmen, mit dem Mixstab fein pürieren, Parmesan und Basilikum untermischen, mit Salz und Pfeffer abschmecken.

4 Für die Suppe Gemüsebrühe zum Kochen bringen. Kartoffeln, Karotten, Sellerie und Lorbeerblatt dazugeben, zugedeckt ca. 5 Minuten köcheln lassen. Grüne Bohnen dazugeben, 3 Minuten köcheln lassen. Lauch untermischen, 5 Minuten köcheln lassen. Erbsen untermischen und die Suppe noch 3 Minuten köcheln lassen. Suppe mit Salz und Pfeffer abschmecken.

5 Die Suppe eignet sich gut zum Mitnehmen: Gemüsesuppe in großen Gläsern transportieren, Pistou getrennt verpacken. Jeder rührt sich seine Portion Pistou in die Suppe.

SUPPE MIT BISS
Die Gemüse kommen, ihrer Garzeit entsprechend, nacheinander in den Suppentopf, so behalten sie ihr feines Aroma und einen leichten Biss.

CREMIGER DIP MIT AROMEN DES SÜDENS
Ein Klacks Tomaten-Basilikum-Dip (Pistou) mit Parmesan bringt den Sommer in diese schnell gekochte Gemüsesuppe. Wenn Sie sich gemeinsam um den Esstisch versammeln, dann zuerst den gesamten Pistou in eine große Suppenschüssel geben, die heiße Suppe nach und nach unterrühren.

BORSCHTSCH
mit Steinpilzen

ZUTATEN FÜR 4 PORTIONEN

20 g getrocknete Steinpilze
2 EL Öl
1 Zwiebel, fein gehackt
3 Knoblauchzehen, fein gehackt
1200 ml Gemüsebrühe
200 g rote Bete, dünne Scheiben
200 g Kartoffeln, kleine Stücke
200 g Karotten, dünne Scheiben
100 g Sellerie, feine Stifte
50 g Petersilienwurzel, feine Stifte
Muskat, frisch gerieben
2 TL getrockneter Liebstöckel
2 Lorbeerblätter
5 Pimentkörner, zerstoßen
1 Stück Bio-Zitronenschale, 2 x 3 cm
1-2 EL Zitronensaft
Salz
Pfeffer

Dip
200 g saure Sahne
2 EL Dill, fein gehackt

1 Steinpilze in 200 ml kaltem Wasser 20 Minuten einweichen, durch ein feines Sieb abgießen, Einweichwasser auffangen. Pilze in kleine Stücke schneiden.

2 Öl in einem Topf erhitzen. Zwiebeln und Knoblauch darin bei milder Hitze zuerst glasig weich dünsten, dann unter Rühren kurz braten.

3 Zwiebeln mit Gemüsebrühe und Pilzeinweichwasser aufgießen und zum Kochen bringen. Rote Bete, Kartoffeln, Karotten, Sellerie, Petersilienwurzel, Muskat, Liebstöckel, Lorbeerblätter, Pimentkörner und Zitronenschale dazugeben. Borschtsch ca. 10 Minuten köcheln lassen. Das Gemüse soll noch einen guten Biss haben.

4 Steinpilze untermischen, Borschtsch noch ca. 5 Minuten köcheln lassen. Das Gemüse soll weich sein, darf aber nicht zerfallen.

5 Borschtsch mit Zitronensaft, Muskat, Salz und Pfeffer abschmecken.

6 Während der Garzeit der Suppe saure Sahne und Dill verrühren. Dip zur Suppe reichen.

BORSCHTSCH MIT RINDFLEISCH

➛ Zuerst nur die Gemüsebrühe mit 500 g Rindfleisch zum Kochen bringen. Das Rindfleisch zugedeckt ca. 1 Stunde weich köcheln lassen. Zwiebeln und Knoblauch weich dünsten, mit der Brühe aufgießen und die Suppe wie im Rezept beschrieben fertig kochen. Rindfleisch in kleine Stücke schneiden und in die Suppe rühren.

ORIENTALISCHE TOMATENSUPPE
mit Fischklößchen

ZUTATEN FÜR 4 PORTIONEN

<u>Suppe</u>
2 EL Olivenöl
1 Zwiebel, fein gehackt
4 Knoblauchzehen, fein gehackt
1 TL Koriandersamen, zerstoßen
½ TL Kreuzkümmel, zerstoßen
4 Pimentkörner, zerstoßen
Samen aus 3 Kardamomkapseln, zerstoßen
Muskat, frisch gerieben
¼ TL Kurkuma (Gelbwurz), gemahlen
1 Prise Zimt, gemahlen
1 kg reife Tomaten, abgezogen, Stücke (oder geschälte Tomaten aus Dose oder Tetra Pack)
400 ml Gemüsebrühe
1 TL frischer Ingwer, fein gehackt
Salz, Pfeffer
4 Zweige frischer Koriander, fein gehackt

<u>Fischklößchen</u>
200 g Kabeljaufilet, sehr kleine Stücke
1 Ei
4 EL Sahne
Salz, Pfeffer
½ TL frischer Ingwer, fein gehackt
½ TL Koriandersamen, zerstoßen
2 EL Petersilie, fein gehackt
1 Frühlingszwiebel, feine Ringe
Schale von ¼ Bio-Zitrone, abgerieben
Muskat

1 Für die Suppe Olivenöl in einem Topf erhitzen. Zwiebeln darin bei milder Hitze weich und glasig dünsten. Knoblauch, Koriander, Kreuzkümmel, Piment, Kardamom, Muskat, Kurkuma und Zimt untermischen und unter Rühren alles kurz anrösten.

2 Tomaten, Gemüsebrühe und Ingwer dazugeben. Suppe zum Kochen bringen, zugedeckt 15 Minuten leicht köcheln lassen.

3 Tomatensuppe mit dem Mixstab fein pürieren, mit Salz und Pfeffer abschmecken.

4 Für die Fischklößchen im Cutter (Multizerkleinerer) oder mit dem Mixstab Kabeljau, Ei und Sahne mit Salz und Pfeffer zu einer glatten Masse verarbeiten.

5 Ingwer, Koriander, Petersilie, Frühlingszwiebeln und Zitronenschale untermischen. Die Farce mit Muskat, Salz und Pfeffer kräftig abschmecken.

6 Reichlich Salzwasser erhitzen. Mit zwei Esslöffeln aus der Farce kleine Klößchen formen. Die Klößchen im schwach kochenden Salzwasser ca. 8 Minuten ziehen lassen. Klößchen mit dem Schaumlöffel aus dem Topf heben, abtropfen lassen.

7 Orientalische Tomatensuppe portionsweise mit den Klößchen anrichten. Mit Koriander garnieren.

SUPPE ZUM SATTESSEN
Kombiniert mit den würzigen Fischklößchen wird diese aromatische, schnell zubereitete Suppe zum Hauptgericht.

DAS AUGE ISST MIT
Damit auch der optische Genuss stimmt, bekommen die Fischklößchen ein eigenes Glas, wenn die Suppe eingepackt und mitgenommen wird.

FEINE VORSPEISE
Für ein festliches Menü werden die Fischklößchen in einer klaren Fisch- oder Gemüsebrühe serviert, bestreut mit fein gehacktem Kerbel.

SALATE & WARME HAUPT-GERICHTE

PACK MICH ein

WICHTIGES
AUF EINEN BLICK

GEKONNT GESCHICHTET FÜR OPTIMALEN GENUSS

Salate im Glas sind das perfekte Mittagessen to go. Schichten Sie feste Zutaten zuunterst ins Glas, obenauf die zarten Salatblättchen. Dank dieser schlauen Anordnung kann der Salat gut vorbereitet werden, verträgt sogar eine Nacht im Kühlschrank und bleibt appetitlich frisch. Wer Lust hat, schüttelt den Salat im Glas unmittelbar vor dem Essen kräftig durch.

SATTMACHER

Alle Rezepte in diesem Kapitel enthalten Getreide und/oder Hülsenfrüchte – ein ideales Mittagessen to go, aber auch zum Genießen zu Hause. Mit diesen Speisen kommen Sie energiegeladen durch den Arbeitstag.

➸ **Wussten Sie, dass auch Erdnüsse zu den Hülsenfrüchten zählen und Glasnudeln aus den grünen Mungbohnen hergestellt werden?**

ZUM AUFWÄRMEN GEEIGNET

Saftiges Fleisch in würziger Sauce lässt sich gut aufwärmen und eignet sich hervorragend zum Mitnehmen. Denn wird Fleischragout in würziger Sauce kurz erhitzt, bleibt es saftig und aromatisch. Couscous, Nudeln oder Reis – die sättigende Beilage wird in einem Extra-Glas transportiert.

KÖSTLICHE KOMBINATIONEN AUS DEM GLAS

Quinoasalat mit Auberginen, Zucchini und Feta (S. 68) und Quitten-Apfel-Mus als Dessert (S. 173). Mini-Pizzen (S. 79) und als Dessert Aprikosenkompott mit Orange und Estragon (S. 176).

BACKEN IM GLAS

Flache kleine Gläser sind perfekte und preisgünstige Backförmchen für Mini-Pizzen (S. 79) oder Quiches. Damit sich diese Leibspeisen nach dem Backen leicht aus dem Glas lösen lassen, die Gläser gut mit Öl oder flüssiger Butter ausstreichen.

QUINOASALAT
mit Auberginen, Zucchini und Feta

ZUTATEN FÜR 4 PORTIONEN

Quinoasalat
150 g Quinoa
350 ml Gemüsebrühe
Muskat
3 EL Zitronensaft
2 EL Olivenöl
Pfeffer
½ Bund Minze
1 großer Bund Petersilie
300 g Tomaten, klein gewürfelt
2 Frühlingszwiebeln, feine Ringe
Salz

Auberginen und Zucchini
400 g Auberginen, 1 cm dicke Scheiben
5 EL Olivenöl
400 g Zucchini, 1 cm dicke Scheiben
3 EL Zitronensaft
Schale von ¼ Bio-Zitrone, abgerieben
1 Knoblauchzehe, fein gehackt
150 g Feta (Schafskäse), kleine Stücke
Salz, Pfeffer

1 Quinoa in einem Sieb abbrausen und abtropfen lassen. In einem Topf die Gemüsebrühe zum Kochen bringen. Quinoa einrühren, mit Muskat würzen. Quinoa zugedeckt 20 Minuten köcheln lassen, vom Herd nehmen und 5 Minuten zugedeckt ausquellen lassen.

2 Quinoa in eine Schüssel geben, noch heiß mit Zitronensaft, Olivenöl und Pfeffer vermischen und abkühlen lassen.

3 Die Hälfte der Minze und der Petersilie fein hacken. Quinoa, Tomaten, fein gehackte Minze und Petersilie sowie Frühlingszwiebeln vermischen. Salat mit Zitronensaft, Salz und Pfeffer abschmecken.

4 Backofen auf 200 °C Ober-/Unterhitze (Umluft 180 °C) vorheizen. Backblech mit Backpapier belegen, Auberginen nebeneinander darauflegen, mit ½ EL Olivenöl beträufeln, im vorgeheizten Ofen 10 Minuten garen, Zucchini dazulegen, mit ½ EL Öl beträufeln, alles zusammen weitere 10 Minuten garen.

5 Restliches Olivenöl, Zitronensaft und -schale, Knoblauch, Salz und Pfeffer verrühren. Die heißen Auberginen und Zucchini mit der Marinade bestreichen, etwas durchziehen lassen.

6 Quinoasalat in große Gläser füllen, darauf abwechselnd marinierte Auberginen, Zucchini und Schafskäse schichten. Restliche Minze und Petersilie grob hacken und darüberstreuen.

VEGAN MIT OLIVEN, KAPERN UND NÜSSEN

Auch die vegane Variante dieses sättigenden Salats lässt sich bestens vorbereiten und mitnehmen.
➻ 80 g schwarze Oliven, in kleine Stücke geschnitten, 2 EL gehackte Kapern und 60 g gehackte Cashewnüsse vermischen und abwechselnd mit Auberginen und Zucchini ins Glas schichten.

LINSENSALAT
mit Salsa

ZUTATEN FÜR 4 PORTIONEN

Linsensalat
250 g kleine schwarze Linsen
Salz
2 Knoblauchzehen, fein gehackt
2 EL Zitronensaft
2 EL Essig
4 EL Olivenöl
Pfeffer
½ Bund Petersilie, fein gehackt
2 Frühlingszwiebeln, feine Ringe
12 Blätter Kopfsalat, Streifen

Salsa
1 rote Paprikaschote, sehr kleine Würfel
1 gelbe Paprikaschote, sehr kleine Würfel
1 Peperoni, sehr kleine Würfel
4 Tomaten, sehr kleine Würfel
2 Frühlingszwiebeln, feine Ringe
2 EL Zitronensaft
½ TL Kreuzkümmel, zerstoßen
½ TL Koriandersamen, zerstoßen
1 Knoblauchzehe, fein gehackt
Salz

1 Linsen in reichlich Wasser mit einer Prise Salz zum Kochen bringen, in ca. 15 Minuten bissfest kochen. Linsen in ein Sieb abgießen und abtropfen lassen.

2 Linsen mit Knoblauch, Zitronensaft, Essig, Olivenöl, Salz und Pfeffer vermischen. Salat etwas durchziehen lassen, mit Salz, Pfeffer, Zitronensaft und Essig abschmecken. Petersilie und Frühlingszwiebeln untermischen.

3 Für die Salsa rote und gelbe Paprika, Peperoni, Tomaten und Frühlingszwiebeln mit Zitronensaft, Kreuzkümmel, Koriander und Knoblauch vermischen. Salsa mit Salz abschmecken und etwas Saft ziehen lassen.

4 Linsensalat und Salsa portionsweise in große Gläser schichten, den Kopfsalat darüberstreuen.

NOCH MEHR SALATE

Auch zu dieser pikanten Salatmischung passt würziger Feta oder Pecorino. Für eine schöne Optik ein paar Käsestückchen zwischen Linsen und Salsa schichten.

➽ Essen Sie zu diesem Salat eine Scheibe herzhaftes Brot. Getreide und Hülsenfrüchte sind eine tolle Eiweißkombination.

MACH MICH an

PUNTALETTE-SALAT
mit grünem Spargel, Avocado und Erdnüssen

ZUTATEN FÜR 4 PORTIONEN
250 g Puntalette
Salz
500 g grüner Spargel
3 EL Sesamöl, geröstet
2 EL Apfelessig
Pfeffer
80 g geröstete Erdnüsse, halbiert
1 reife Avocado, kleine Stücke
1 Frühlingszwiebel, feine Ringe
50 g Brunnenkresse, mundgerechte Stücke

1 Reichlich Salzwasser zum Kochen bringen. Puntalette darin bissfest kochen, in ein Sieb abgießen, kalt abschrecken und gut abtropfen lassen.

2 Grüner Spargel muss nicht geschält werden, darum nur die holzigen Enden abschneiden. Spargel in kleine Stücke schneiden Reichlich Salzwasser zum Kochen bringen. Spargel darin in ca. 6 Minuten bissfest garen, abgießen, abtropfen lassen.

3 Für das Dressing Sesamöl, Apfelessig, Salz und Pfeffer verrühren.

4 Puntalette, warmen Spargel, Erdnüsse, Avocado und Frühlingszwiebeln mit dem Dressing vermischen.

5 Salat mit Apfelessig, Salz und Pfeffer abschmecken, portionsweise anrichten, mit Brunnenkresse bestreuen. Der Salat schmeckt lauwarm und kalt.

PUNTALETTE
sind winzige Nudeln (nur ca. 9 mm lang), sehen aus wie Reiskörner und lassen sich besonders gut mit den restlichen Salatzutaten vermischen.

ZITRONENSAFT HÄLT GRÜN
Auch dieser Salat eignet sich zum Mitnehmen. Damit die Avocadostückchen dabei schön grün bleiben, werden sie zuerst mit 3 EL Zitronensaft vermischt und dann unter den Salat gehoben.
➸ Zarte Brunnenkresse extra einpacken: Zuerst ein Stück Küchenpapier ins Glas legen, darauf kommt die tropfnasse Brunnenkresse. Sie bleibt durch diese schlaue Verpackung knackig und frisch.

SO BLEIBT SPARGEL FRISCH
Am besten hält Spargel, wenn die Stangenenden abgeschnitten werden und die Stangen stehend in Gläsern, die mit wenig Wasser befüllt sind, im Kühlschrank gelagert werden.

ASIA-NUDELSALAT
mit Huhn und Mandarine

ZUTATEN FÜR 4 PORTIONEN

Salat
150 g Glasnudeln (Vermicelli)
Salz
2½ EL Öl
150 ml Mandarinensaft, frisch gepresst
2 EL Limettensaft
1 EL Sherry- oder Reisessig
3 EL Sojasauce
2 TL Sesamöl, geröstet
1 TL Ingwer, fein gehackt
1-2 rote Chilischoten, feine Ringe
50 g junge, grüne Erbsen (frisch oder TK)
200 g Karotten
4 Mandarinen, kleine Stücke
4 Frühlingszwiebeln, feine Ringe
80 g grüne Salatblättchen

Hühnerfleisch
2 EL Öl
400 g Hühnerbrust, kleine Stücke
2 EL Sojasauce
1 TL Koriandersamen, fein zerstoßen
Muskat

1 Glasnudeln mit der Schere in ca. 15 cm lange Stücke schneiden. Reichlich Salzwasser zum Kochen bringen. Glasnudeln darin ca. 2 Minuten köcheln lassen, abgießen, kalt abschrecken, abtropfen lassen und mit ½ EL Öl vermischen.

2 Mandarinen- und Limettensaft, Essig, Sojasauce, Sesamöl, Ingwer und Chili verrühren. Glasnudeln mit dem Dressing vermischen. Nudeln etwas durchziehen lassen, mit Limettensaft und Salz abschmecken.

3 Erbsen 2 Minuten in kochendem Salzwasser blanchieren, abgießen, kalt abschrecken und abtropfen lassen. Karotten zuerst mit dem Sparschäler in breite Streifen, dann mit dem Messer in feine Streifen schneiden.

4 In einer beschichteten Pfanne 2 EL Öl erhitzen. Hühnerfleisch darin in zwei Tranchen rundum anbraten, mit Sojasauce ablöschen, mit Koriander und Muskat würzen, unter Rühren braten, bis die Sojasauce verdampft und das Fleisch gar ist. Hühnerfleisch abkühlen lassen.

5 Glasnudelsalat mit Erbsen, Karotten, Mandarinen und Frühlingszwiebeln vermischen, in Gläser füllen. Zuerst das Hühnerfleisch dann die Salatblättchen daraufgeben.

ALLES PFLANZE: ASIA-NUDELSALAT VEGAN

➵ Hühnerfleisch durch 300 g klein gewürfelten Tofu und 4 EL Mandelsplitter ersetzen. Tofu und Mandeln unter Rühren braten, mit Sojasauce und ½ TL Currypulver würzen. Unter Rühren braten, bis die Sojasauce verdampft ist.

MAROKKANISCHER RINDFLEISCH-GEMÜSE-TOPF
mit Kichererbsen

ZUTATEN FÜR 4-6 PORTIONEN

4 EL Olivenöl
800 g Rindfleisch aus der Schulter, kleine Stücke
Salz
500 g Zwiebeln, halbiert, dünne Scheiben
5 Knoblauchzehen, dünne Scheiben
600 g geschälte Tomaten, Stücke (aus Dose oder Tetra Pack)
1 EL frischer Ingwer, fein gehackt
1 Zimtstange
Samen aus 4 Kardamomkapseln, zerstoßen
1 TL Kreuzkümmel, zerstoßen
1 TL Koriandersamen, zerstoßen
Muskat
5 Pimentkörner, zerstoßen
1 Bund Petersilie
1 Bund Koriander
1500 ml Gemüsebrühe
200 g Karotten, dünne Stifte
1 rote Paprikaschote, dünne Streifen
2 Stängel Bleichsellerie, Stifte
250 g Zucchini, dünne Scheiben
250 g gekochte Kichererbsen, abgetropft

1 In einem flachen beschichteten oder gusseisernen Topf 2 EL Olivenöl erhitzen. Rindfleisch darin in zwei Tranchen unter Rühren kurz braten. Fleisch aus dem Topf nehmen, leicht salzen.

2 Restliches Öl im Topf erhitzen. Zwiebeln dazugeben, mit dem Bratrückstand vermischen und bei milder Hitze weich und glasig dünsten (dauert mindestens 10 Minuten).

3 Fleisch, Knoblauch und Tomaten unterrühren, mit Ingwer, Zimt, Kardamom, Kreuzkümmel, Koriander, Muskat, Piment und Salz würzen und alles ca. 7 Minuten köcheln lassen.

4 Petersilie und Koriander mit Küchengarn zusammenbinden.

5 Gemüsebrühe mit dem Fleisch vermischen. Kräutersträußchen in den Topf geben und alles zugedeckt 30 Minuten sanft köcheln lassen.

6 Karotten, Paprika und Bleichsellerie dazugeben, ca. 30 Minuten zugedeckt köcheln lassen. Zucchini und Kichererbsen unterrühren. Rindfleischtopf noch 5 Minuten köcheln lassen. Das Fleisch soll weich sein und das Gemüse noch leichten Biss haben.

7 Kräutersträußchen und Zimtstange entfernen. Rindfleisch-Gemüse-Topf mit Salz abschmecken, dazu scharfe Chilisauce und Couscous reichen.

FEURIG MIT SCHARFER CHILISAUCE

➸ 2 getrocknete Chilischoten grob hacken. 200 ml der würzigen Garflüssigkeit abschöpfen und mit den Chilischoten vermischen.

IDEAL ZUM AUFWÄRMEN

Der Rindfleisch-Gemüse-Topf lässt sich prima vorbereiten, eignet sich zur Bewirtung einer größeren Gästezahl und ist ein aromatisches Mittagessen »to go«.

➸ Dazu schmeckt Couscous: Für 4 Portionen 250 ml Wasser mit ¼ TL Salz und 1 TL Olivenöl aufkochen. 200 g Couscous unterrühren. Topf vom Herd nehmen, 5 Minuten zugedeckt quellen lassen und mit der Gabel auflockern. Couscous in einem Extra-Glas verpacken!

MINI-PIZZEN

»Für jeden etwas«

ZUTATEN FÜR 8–10 MINIPIZZEN (FLACHE GLÄSER À 250 ML)

Mürber Hefeteig
300 g Mehl
80 g weiche Butter, kleine Stücke
⅛ l lauwarme Milch (oder ungesüßter Sojadrink)
1 Päckchen Trockenhefe
1 TL Zucker
½ TL Salz

Sauce
600 g geschälte Tomaten, Stücke (Tetra Pack oder Dose)
1 EL Olivenöl
1 Knoblauchzehe, fein gehackt
1 TL getrockneter Oregano
Salz, Pfeffer

Belag
6 Mini-Mozzarella-Kugeln, halbiert
6 dünne Scheiben Frühstücksspeck
¼ Zwiebel, feine Scheiben
1 Peperoni, dünne Ringe
9 Sardellenfilets
2 Knoblauchzehen, dünne Scheiben
2 TL Kapern
8 schwarze Oliven, Stücke
6 kleine Zweige Thymian
3 kleine Zweige Basilikum
Pfeffer

Außerdem
Öl für die Gläser

1 Für den Teig Mehl, Butter, Milch, Hefe, Zucker und Salz zuerst mit dem Rührlöffel vermischen, dann einen glatten Teig kneten. Mürben Hefeteig zugedeckt 1½ Stunden gehen lassen.

2 Für die Sauce Tomaten, Olivenöl, Knoblauch, Oregano, Salz und Pfeffer in ca. 10 Minuten zu einer dicken Sauce einkochen.

3 Backofen auf 200 °C Ober-/Unterhitze (180 °C Umluft) vorheizen.

4 Gläser gut mit Öl ausstreichen. Teig in 8 Kugeln teilen, dünn ausrollen, in die vorbereiteten Gläser legen, dabei einen Rand stehen lassen (ca. 3 cm hoch).

5 Pro Glas 2–3 EL Tomatensauce auf dem Teigboden verstreichen. 2–3 Mini-Pizzen mit Mozzarella belegen. 2–3 Mini-Pizzen mit Frühstücksspeck, Peperoni und Zwiebeln belegen. 2–3 Mini-Pizzen mit Sardellen, Knoblauch, Kapern, Oliven und Thymianzweigen belegen.

5 Mini-Pizzen im vorgeheizten Ofen 20 Minuten backen. Fertig gebackene Mozzarella-Pizzen mit Basilikumblättchen und Pfeffer bestreuen.

TAGELANG FRISCHE, KNUSPRIGE PIZZA

Die Gäste kommen übermorgen, und ausgerechnet an diesem Tag haben Sie keine Zeit zum Kochen?
➸ Dann schon heute die Mini-Pizzen in flachen Gläsern fertig backen. Diese sofort mit Gummiringen, Glasdeckeln und Metallklammern verschließen (Vorsicht - die sehr heißen Gläser dabei mit Kochhandschuhen festhalten). Gläser abkühlen lassen, dunkel und kühl lagern.
Zum Aufwärmen die Pizzen aus dem Glas nehmen, auf das Ofengitter legen und im vorgeheizten Ofen bei 120 °C Ober-/Unterhitze (100 °C Umluft) in ca. 10 Minuten backen. Die Butter im Teig sorgt dafür, dass die Pizzen beim Aufbacken besonders knusprig werden.
Pizzen im Glas schmecken ca. 1 Woche lang.

DESSERTS AUS DEM KÜHLSCHRANK, AUS DEM OFEN

WICHTIGES
AUF EINEN BLICK

GAUMENFREUDE UND AUGENSCHMAUS

Desserts, in kleinen Gläsern serviert, sind besonders appetitlich. Sie können schon im Voraus angerichtet und gekühlt werden. Viele bunte Dessertgläschen machen sich auch auf einem kalten Buffet gut.

DECKEL SICHERN DEN GESCHMACK

Jedes Glas hat seinen passenden Deckel. Das ist vor allem für Desserts wichtig, die im Kühlschrank gelagert werden, damit sie nicht den Geschmack der anderen Speisen oder Lebensmittel annehmen.

SÜSSES, EISKALT SERVIERT

Portionsgläser vorab in die Tiefkühltruhe stellen und an besonders heißen Tagen Eis oder andere kalte Desserts darin anrichten.

KLASSIKER, NEU INTERPRETIERT

Schon mal Mousse au Chocolat mit Sternanis probiert? Oder Basilikum-Eis mit Pinienkernen? Gewürze, Kräuter, Nüsse oder auch ein Schuss Portwein verleihen fruchtigen oder schokoladigen Desserts eine besonders feine Note.

EIN GROSSES GLAS FÜR ALLE

Dessert (z.B. das fruchtige Tiramisu von S. 86) in ein schönes großes Glas schichten und erst bei Tisch portionieren. Am besten in kleine Gläschen in der gleichen Form!

KÖSTLICHE KOMBINATIONEN AUS DEM GLAS

Wiener Saftgulasch (S. 155), als Dessert Ingwerkirschen mit Kokoscreme (S. 91), ein großer Salat mit Frischkäse-Bällchen (S. 141) und der Nektarinen-Nuss-Crumble (S. 92).

BASILIKUM-PINIEN-EIS
mit Himbeersauce

ZUTATEN FÜR 4 PORTIONEN

Eis
40 g Basilikum, fein geschnitten
70 ml Zitronensaft
60 g Pinienkerne, gehackt
100 g Joghurt
Schale von ½ Bio-Zitrone, abgerieben
40 g Bourbon-Vanillezucker
10 g Puderzucker
150 ml Schlagsahne

Sauce
400 g Himbeeren
1 EL Puderzucker
Saft von 1 Orange

Garnitur
Basilikumblättchen
100 g Himbeeren

1 Für das Eis Basilikum, Zitronensaft, Pinienkerne und 4 EL Joghurt im Cutter (Multizerkleinerer) oder mit dem Mixstab fein pürieren.

2 Mit dem Handrührgerät aus Basilikum-Pinien-Püree, Zitronenschale, restlichem Joghurt, Vanille- und Puderzucker eine glatte Creme rühren.

3 Sahne steif schlagen und unter die Basilikum-Pinien-Creme rühren.

4 Die Mischung in ein großes Glas geben, 3 Stunden in das Tiefkühlfach stellen und alle 20 Minuten kräftig umrühren, damit das Eis cremig wird.

5 Für die Himbeersauce mit dem Mixstab aus 400 g Himbeeren, Puderzucker und Orangensaft eine glatte Sauce mixen.

6 Basilikum-Pinien-Eis mit Himbeersauce portionsweise in Gläsern anrichten, mit den restlichen Himbeeren und Basilikumblättchen garnieren.

BASILIKUM-PINIEN-EIS AUF MELONENSALAT
Farblich und geschmacklich eine Wonne:
➳ Für 4 Portionen 300 g sonnenreife Wassermelone und 300 g sonnenreife Zuckermelone in kleine Stücke schneiden und mit dem Saft einer Orange vermischen. Melonensalat portionsweise in Gläsern anrichten, obenauf 2 Kugeln Basilikum-Pinien-Eis setzen.

HARMONIE
Basilikum harmoniert aufgrund seiner vielfältigen Aromen besonders gut mit Zitrusschalen und -saft.

MOUSSE AU CHOCOLAT
mit Sternanis

ZUTATEN FÜR 6 PORTIONEN
3 Eier
50 g Zucker
250 g Schlagsahne
200 g dunkle Schokolade
(85 % Kakaoanteil)
einige EL Milch
1 Sternanis, gemörsert

1 Eier und Zucker mit dem Handmixer sehr schaumig rühren, die Masse muss weißgelb sein. Die Schlagsahne steif schlagen.

2 Schokolade brechen und mit etwas Milch vorsichtig zum Schmelzen bringen. So viel Milch dazugeben, dass die Masse dickflüssig wird und keine Klümpchen hat.

3 Geschmolzene Schokolade und gemörserten Sternanis mit einem Esslöffel vorsichtig unter die Ei-Masse rühren, mit dem Handrührgerät ganz kurz einrühren. Schlagsahne mit einem Löffel vorsichtig unterheben.

4 Die Masse auf 6 Gläser verteilen. Im Kühlschrank mindestens 2 Stunden fest werden lassen.

EINFACH RAFFINIERT!

undrand 100

HEIDELBEER-TIRAMISU

ZUTATEN FÜR 6 PORTIONEN
500 g Mascarpone
250 g Quark
600 g Waldheidelbeeren
(frisch oder TK)
50 g Ahornsirup
50 g Zucker
15 g Bourbon-Vanillezucker
1 Packung (40 Stück) Löffelbiskuits
4 EL Mandelsplitter zum Bestreuen

1 Für die Creme Mascarpone, Quark, 200 g der Heidelbeeren, Ahornsirup, Zucker und Vanillezucker mit dem Handrührgerät schaumig rühren.

2 Lagenweise Löffelbiskuits, Creme, Heidelbeeren, wieder Löffelbiskuits etc. in die Gläser schichten. Die letzte Cremeschicht mit ein paar Heidelbeeren und Mandelsplittern bestreuen.

3 Tiramisu kühl stellen und aus dem Glas genießen.

GESCHMACKSSACHE
Waldheidelbeeren sind den Kulturheidelbeeren farblich, aromatisch und geschmacklich weit überlegen! Wichtig ist, dass nicht alle Heidelbeeren in die Creme gerührt werden. Die einzelnen ganzen Beeren erzeugen ein tolles »Mundgefühl«, intensiven Geschmack und sind auch optisch schön.
➻ Vanillezucker kann man auch einfach selbst herstellen. Besonders gut schmeckt er mit Tahiti-Vanille.
➻ Optional können die Löffelbiskuits in schwarzem Johannisbeernektar oder Heidelbeersaft getunkt werden.

→ FLOTT GESCHICHTET

CREMIGER ERDBEER-MILCHREIS

ZUTATEN FÜR 4-6 PORTIONEN

Milchreis
200 g Naturreis (Rundkorn)
2 EL Rohrzucker
20 g Bourbon-Vanillezucker
¼ TL Zimt
Samen aus 4 Kardamomkapseln, zerstoßen
Schale von ¼ Bio-Zitrone, abgerieben
1 Gewürznelke
250 ml Milch
150 ml Sahne

Erdbeeren
600 g Erdbeeren, kleine Stücke
1 EL Honig

Garnitur
Minzblättchen

1 Reis waschen, mit 250 ml Wasser, Zucker, der Hälfte des Vanillezuckers, Zimt, Kardamom, Zitronenschale und der Nelke zum Kochen bringen. Reis zugedeckt 25 Minuten leicht köcheln lassen.

2 Milch einrühren. Reis zugedeckt noch ca. 20 Minuten zugedeckt köcheln lassen, bis die gesamte Flüssigkeit verdampft ist. Nelke entfernen, Milchreis abkühlen lassen.

3 Sahne mit dem restlichen Vanillezucker steif schlagen und unter den kalten Milchreis heben.

4 Mit dem Mixstab 400 g Erdbeeren und Honig zu einer glatten Sauce pürieren.

5 Sahnigen Milchreis, Erdbeersauce und Erdbeeren portionsweise in Gläser schichten. Mit Minzblättchen garnieren.

HERBSTLICH MIT ZWETSCHGEN-APFEL-MUS

Ein süßes Rezept fürs ganze Jahr: Im Herbst wird der sahnige Milchreis mit aromatischem Zwetschgen-Apfel-Mus ins Glas geschichtet.

➸ Für 4 Portionen 400 g Zwetschgen (Stücke), 400 g Äpfel (Stücke), 1 EL Rohrzucker, 1 Prise Zimt und 3 EL Wasser zum Kochen bringen und zugedeckt 10 Minuten köcheln lassen. Alles mit dem Mixstab fein pürieren und abkühlen lassen.

MARINIERTE INGWER-KIRSCHEN

ZUTATEN FÜR 4 PORTIONEN
600 g süße Kirschen, entsteint
Saft von 2 Orangen
1 TL frischer Ingwer, fein gehackt

1 Kirschen in eine Schüssel geben.

2 Orangensaft und Ingwer verrühren.

3 Kirschen mit der Marinade vermischen, kalt stellen und 1 Stunde ziehen lassen.

4 Marinierte Ingwerkirschen mit der Kokos-Vanille-Creme in Gläsern anrichten.

FRUCHTIGE BEGLEITUNG FÜR FEINE DESSERTS
Marinierte Ingwerkirschen harmonieren auch mit Schokomousse (S.84), werden statt Erdbeeren in den cremigen Milchreis (S. 88) geschichtet und schmecken prima zum würzigen Bananenbrot (S. 186).

KOKOS-VANILLE-CREME

ZUTATEN FÜR 4 PORTIONEN
250 ml Kokosmilch
2 Eigelb
20 g Speisestärke
40 g Bourbon-Vanillezucker
125 ml Schlagsahne

1 Kokosmilch, Eigelbe, Speisestärke und Vanillezucker in einem kleinen Topf mit dem Schneebesen glatt rühren.

2 Kokosmilch-Mischung bei milder Hitze zum Kochen bringen, dabei immer wieder mit dem Kochlöffel umrühren, damit sich am Topfboden nichts festsetzt. Unter Rühren kurz köcheln lassen, bis die Creme bindet.

3 Kokoscreme in eine Schüssel füllen und im kalten Wasserbad abkühlen lassen. Dabei ab und zu umrühren, damit sich keine Haut bildet.

4 Sahne steif schlagen, unter die Kokoscreme heben.

FRISCH UND HALTBAR KOMBINIERT
Desserts für ein festliches Essen: Servieren Sie Saturnpfirsichkompott oder Birnenkompott mit Cassis (beides S. 178) mit der Kokos-Vanille-Creme.

NEKTARINEN-NUSS-CRUMBLE
mit Portwein

ZUTATEN FÜR 4 PORTIONEN IM FLACHEN GLAS À 290 ML

4 große reife, süße Nektarinen
6 TL Bourbon-Vanillezucker
4 EL Portwein
90 g Mehl
70 g Butter
70 g geschälte, geröstete Haselnüsse, fein gehackt
40 g Rohrzucker

1 Backofen auf 190 °C Ober-/Unterhitze vorheizen.

2 Früchte in Spalten schneiden und mit Vanillezucker und Portwein mischen. In die vorbereiteten Gläser füllen.

3 Für den Crumble Mehl und Butter mit den Händen verkrümeln, dann Nüsse und Zucker hinzufügen und weiter zu Krümeln verarbeiten. Ca. 3 EL pro Glas auf der Obst-Masse verteilen.

4 Ca. 35 Minuten backen, bis der Crumble goldbraun wird.

HERBSTLICHE VARIANTEN

Der Crumble schmeckt auch mit Zwetschgen, Pflaumen oder Ringlotten/Reineclaudes.

SO CRUMBELT ES AM BESTEN

Entweder sehr kalte oder weiche Butter verwenden. Kalte Butter ergibt kleinere Krümel, weiche größere.

MANGO-APRIKOSEN-PRALINEN

ZUTATEN FÜR CA. 40 PRALINEN

200 g getrocknete Mangos, kleine Stücke
100 g getrocknete Bananen
300 g Soft-Aprikosen, kleine Stücke
15 g gefriergetrocknete Erdbeeren
1½ EL Cashewmus
2 EL Rum
1 TL Bourbon-Vanille, gemahlen

Für die Garnitur
15 g gefriergetrocknete Erdbeeren, fein gehackt
30 g Pistazien, fein gehackt

1 Mangos, Bananen, Aprikosen und Erdbeeren in einer Schüssel vermischen.

2 Fruchtmischung durch den Fleischwolf drehen. Sie erhalten eine feste Fruchtpaste.

3 In einer Schüssel die Fruchtpaste mit Cashewmus, Rum und Bourbon-Vanille gut vermischen und glatt rühren.

4 Aus der Masse kleine Kugeln (à ca. 15 g) formen.

5 Gefriergetrocknete Erdbeeren und Pistazien jeweils auf einem kleinen Teller verteilen. Die Fruchtkugeln darin wälzen.

PRALINEN IM GLAS

In Gläsern gut verschlossen bleiben die Pralinen einige Tage frisch und trocknen nicht aus.

WAS SIE BEIM EINKOCHEN VERMEIDEN SOLLTEN

WÜRZSAUCEN

EINGELEGT & FERMENTIERT

WURST & FLEISCH

OBST IM GLAS

BROT & KUCHEN AUS DEM BACKOFEN

SIRUPE & LIKÖRE

SALZE & ZUCKER

REZEPTE

FEINES HALTBAR GEMACHT

ZUM GENIESSEN,
VERSCHENKEN & LAGERN

WAS SIE BEIM EINKOCHEN VERMEIDEN SOLLTEN

DECKEL AUS BESCHICHTETEM METALL WIEDERVERWENDEN

→ Deckel aus beschichtetem Metall eignen sich nicht zur Wiederverwendung, weil der Dichtungsring (Compound) an der Deckelinnenseite nach dem Einkochen aushärtet und spröde wird. Glasdeckel können Sie natürlich wiederverwenden, nur die Dichtungsringe sollten ab und zu getauscht werden.

DECKEL AUS BESCHICHTETEM METALL IN ESSIGWASSER BZW. ALKOHOL EINLEGEN ODER AUSKOCHEN

→ Je nach Deckelart könnte die Innenlackierung des Deckels durch die Säure angegriffen werden (zur Säurebeständigkeit von Deckeln siehe S. 26).

DECKEL AUS BESCHICHTETEM METALL IM GESCHIRRSPÜLER WASCHEN

→ Die Dichtungsmasse (Compound) an der Deckelinnenseite wird im Geschirrspüler erhitzt und härtet beim Abkühlen aus.

GUMMIDICHTUNGEN AUSKOCHEN ODER IN ESSIG/ALKOHOL EINLEGEN

→ Gummidichtungen, wie sie für Rex- oder Weckgläser verwendet werden, machen bei guter Pflege 10 bis 20 Einkochdurchgänge mit. Dazu die Dichtungen von Hand mit warmem (nicht mit heißem) Wasser waschen. Nicht in den Geschirrspüler geben! Dichtungen sollten gewechselt werden, wenn sie die Form verlieren. Das passiert auch, wenn sie hängend gelagert werden. Am besten flach liegend aufbewahren und nicht rollen oder knicken.

KALTE GLÄSER HEISS FÜLLEN

→ Große Temperaturunterschiede zwischen Füllgut und Glas führen zu Spannungen im Glas, es kann brechen!

GLÄSER HEISS ABFÜLLEN UND AUF KOPF STELLEN, DAMIT KEIME VERNICHTET WERDEN

→ Keime werden erst vernichtet, wenn die Luft zwischen dem Füllgut und dem Deckel mind. 15-20 Minuten auf mind. 75 °C erhitzt wird. Werden Zeitdauer und Temperatur nicht eingehalten, kann es zu Schimmelbildung kommen.

GLÄSER RANDVOLL FÜLLEN, DAMIT KEINE KEIME EINDRINGEN

→ Wenn nicht pasteurisiert wird, bleiben Keime erhalten. Zum Einkochen muss der Kopfraum des Glases frei bleiben, sonst hält der Deckel nicht dicht. Ihr Füllgut könnte auslaufen.

FERTIG GEFÜLLTE GLÄSER NASS ODER FEUCHT LAGERN

→ Pasteurisiere Gläser kommen nass aus dem heißen Wasserbad. Bevor diese endgültig gelagert werden, müssen sie trocken sein. Werden feuchte Gläser übereinandergestapelt, können die Deckel oxidieren (rosten). Fertig pasteurisierte Gläser mit einem Geschirrtuch oder Heißluftföhn trocknen!

KNOW HOW

WÜRZSAUCEN

HOW TO DO!

WICHTIGES
AUF EINEN BLICK

QUALITÄTSPRÜFUNG ZUHAUSE

Auch haltbare Produkte sollten Sie vor dem Essen einer Qualitätsprüfung unterziehen.

➳ Mit dem Auge
Ist der Deckel aufgebläht? Dann darf dieses Produkt auf keinen Fall gegessen werden. Zeigen sich kleine Bläschen bei Eingelegtem in Öl? Dann weist das auf eine Gärung hin und das Produkt muss entsorgt werden. Auch bei Schimmelbefall ist der gesamte Glasinhalt nicht genießbar.

➳ Mit der Nase
Riechen Sie auch an den Produkten. Alles, was nicht fermentiert oder mit Essig zubereitet ist, darf nicht sauer riechen.

➳ Mit dem Mund
Sollte Ihnen der Geschmack seltsam vorkommen, dann essen Sie das Produkt nicht.

CHUTNEYS, PESTOS & CO

Diese Köstlichkeiten enthalten Öl, Essige oder scharfe Gewürze. Aus diesem Grund ist die Verwendung von möglichst „unempfindlichen" Deckeln ratsam (beschichtete Deckel mit 100 ppm/SO2 oder Glasdeckel, mehr dazu auf S. 26).

➳ Pestos werden kalt abgefüllt, damit die aromatische Frische und der feine Duft der Ingredienzien erhalten bleiben. Um die selbstgemachte Köstlichkeit möglichst lange haltbar zu machen, bedecken Sie Ihr Füllgut vor dem Verschließen des Glases mit einer Ölschicht (das Füllgut sollte vollständig damit bedeckt sein). Bei Kaltabfüllung ist besondere Vorsicht beim Umgang mit Glas und Deckel geboten. Führen Sie die Kopfraum-Pasteurisierung durch (S. 27): Damit sitzen Ihre Deckel fest auf den Gläsern.

ANSATZESSIG

Für Ansatzessige sollte der Essig nicht zu viel Eigengeschmack haben. Verwenden Sie klaren Weißweinessig oder sehr feinen Apfelessig mit wenig Frucht und wenig Säure. Frische Gewürze müssen trocken sein, bevor Sie diese einlegen. Den Geschmack von getrockneten Gewürzen wie Kümmel, Wacholderbeeren, Oregano etc. können Sie intensivieren, indem Sie die Gewürze kurz und nicht zu heiß (eher nur warm) rösten und dann lauwarm verwenden. Essig anzusetzen lohnt sich: Er ist lange haltbar und wird feiner und wohlschmeckender, je länger er lagert.

»SCHLEIERMONSTER« IM ANSATZESSIG

Es handelt sich dabei um die sogenannte Essigmutter (auch Essigpilz genannt). Sie ist weder giftig noch schädlich, sondern vielmehr ein Zeichen dafür, dass Ihr Produkt natürlich ist und die Essigbakterien ihren Dienst tun. Die Essigmutter kann, muss aber nicht aus dem Glas entfernt werden. Sie können mit einer solchen Essigmutter „neuen" Essig erzeugen, indem Sie Ausgangsprodukte (etwa Wein) damit versetzen, um die Essigbildung zu beschleunigen.

DEMI-GLACE

ist der Turbo unter den reduzierten Flüssigkeiten: Hergestellt wird er wie ein Fond, nur wird so lange eingekocht, bis (nach dem Abkühlen) eine fast geleeartige, schneidfeste Masse entstanden ist. Ab ins Glas, pasteurisieren und fertig. Demi Glace wird löffelweise in Suppen, Braten-, Gemüse- und Pilzsaucen eingerührt.

HASELNUSS-PETERSILIEN-PESTO

ZUTATEN FÜR 2 GLÄSER À 212 ML
100 g Haselnüsse, blanchiert (ohne braune Schale)
100 g Petersilienblätter
120 ml Haselnussöl, kalt gepresst
Samen aus 3 Kardamomkapseln, zerstoßen
50 g Grana Padano, gerieben
½ TL Fleur de Sel
Haselnussöl zum Auffüllen der Gläser

1 Haselnüsse in der Pfanne kurz rösten und anschließend grob hacken.

2 Petersilie grob hacken.

3 Alle Zutaten mit einem Cutter (Multizerkleinerer) oder einem Pürierstab zu einer geschmeidigen Masse mixen.

4 Pesto in Gläser füllen, etwas Öl darübergießen und verschließen. Kopfraumpasteurisation durchführen (S. 27)!

WALNUSS-KORIANDER-PESTO

ZUTATEN FÜR 2 GLÄSER À 165 ML
65 g Korianderblätter
35 g Petersilienblätter
130 g Walnüsse, grob gehackt
130 ml Walnussöl
1 EL Zitronensaft
1 gehäufter TL Koriandersamen, zerstoßen
1 Prise getrocknete Zitronenschale
Salz, Pfeffer
Walnussöl zum Auffüllen der Gläser

1 Koriander und Petersilie grob hacken.

3 Nüsse, Kräuter, Öl, Zitronensaft zerstoßene Koriandersamen und Zitronenschale vermengen und mit einem Cutter (Multizerkleinerer) oder Pürierstab zu einer geschmeidigen Masse mixen.

4 Mit Salz und Pfeffer abschmecken.

5 Pesto in Gläser füllen, etwas Öl darübergießen und verschließen. Kopfraumpasteurisation durchführen (S. 27)!

Pesto

PISTAZIEN-MINZE-PESTO

ZUTATEN FÜR 2 GLÄSER À 212 ML

100 g Minzblätter (Nanaminze)
130 g gesalzene Pistazien, geschält, gehackt
145 ml Olivenöl
1 TL Fleur de Sel
¼ TL Kümmel, zerstoßen
½ EL Zitronensaft
Olivenöl zum Auffüllen der Gläser

1 Minze grob hacken.

2 Pistazien, Minze, Öl, Salz und Kümmel vermengen, mit einem Cutter (Multizerkleinerer) oder Pürierstab zu einer geschmeidigen Masse mixen.

3 Zitronensaft hinzufügen.

4 Pesto in Gläser füllen, etwas Öl darübergießen und verschließen. Kopfraumpasteurisation durchführen (S. 27)!

BEST OF PESTO

PEKANNUSS-BASILIKUM-ZITRONEN-THYMIAN-PESTO

ZUTATEN FÜR 2 GLÄSER À 156 ML

20 g frische Basilikumblätter
20 g frische Zitronenthymianzweige
120 g Pekannüsse, gehackt
110 ml Olivenöl
2 Prisen getrocknete Bio-Mandarinen- oder Bio-Zitronenschale
2 Prisen Muskatblüte
Fleur de Sel nach Geschmack
½ EL Zitronensaft
Olivenöl zum Auffüllen der Gläser

1 Basilikumblätter grob hacken, die Zitronenthymian-Blättchen von den Stielen lösen.

2 Pekannüsse, Kräuter, Öl, Gewürze und Salz vermengen, mit einem Cutter (Multizerkleinerer) oder einem Pürierstab zu einer geschmeidigen Masse mixen.

3 Zitronensaft hinzufügen.

4 Pesto in Gläser füllen, etwas Öl darübergießen und verschließen. Kopfraumpasteurisation durchführen (S. 27)!

ES GRÜNT SO GRÜN

Basilikum kann einige Sekunden in heißes Wasser getaucht und anschließend eiskalt abgeschreckt werden. So behalten die Blätter ihre schöne grüne Farbe. Unbedingt trocken tupfen!

GEWÜRZKETCHUP

ZUTATEN FÜR 2 FLASCHEN À 310 ML

1200 g aromatische Rispentomaten
1 große rote Chilischote
2 EL Olivenöl
1 gelbe Zwiebel, fein gehackt
2 Knoblauchzehen, fein gehackt
150 ml Johannisbeeressig oder anderer Obstessig
3 EL Rohrzucker
1 Zimtstange
3 Pimentkörner
2 Gewürznelken
1 getrocknetes Lorbeerblatt
1 TL Pfefferkörner (z.B. Chiloé)
2 TL getrockneter Thymian
½ TL Salz

1 Tomaten schälen. Dafür Wasser zum Kochen bringen, die Tomaten kreuzweise an der Unterseite einschneiden und 1 Minute in das kochende Wasser legen. Abgießen und die Tomatenhaut abziehen. Tomaten vierteln und vom Strunk befreien.

2 Chili entkernen und fein hacken. Olivenöl erwärmen und Chili, Zwiebel und Knoblauch bei mittlerer Hitze einige Minuten glasig andünsten.

3 Tomaten, Essig, Zucker, Zimt, Piment, Nelken, Lorbeerblatt, Pfeffer und Thymian hinzufügen und Ketchup unter gelegentlichem Rühren bei mittlerer Hitze 40–50 Minuten (je nach gewünschter Dicke) einkochen.

4 Zimtstange und Lorbeerblatt entfernen, Salz dazugeben und das Ketchup pürieren.

5 Ketchup heiß in Flaschen oder Gläser füllen und 20 Minuten bei 90 °C nach der Methode Ihrer Wahl pasteurisieren.

TOMATENKERNE VERLEIHEN GESCHMACK
Umami ist neben süß, sauer, salzig und bitter die fünfte Grundgeschmacksrichtung. In Tomaten ist der Anteil an Umami-Substanzen in den Tomatenkernen besonders hoch. Kerne daher unbedingt mitverarbeiten!

GEWUERZ
KETCHUP

APFEL-BASILIKUM-SENF

ZUTATEN FÜR
CA. 3 GLÄSER À 106 ML

1 Bund frisches Basilikum (20 g)
70 ml Apfelessig
70 ml Apfelsaft
50 g Senfmehl
50 g gelbe Senfkörner, grob zerstoßen
½ TL Salz
4 EL flüssiger Blütenhonig (z.B. Lindenhonig)

1 Basilikumblätter von den Stielen zupfen und fein hacken.

2 Essig und Saft kurz erhitzen.

3 Senfmehl, Senfschrot, Salz und Basilikum mischen und in die Essigmischung rühren. Honig unterrühren.

4 Den Senf pürieren und in die vorbereiteten Gläschen füllen.

SCHARFMACHER

Die Schärfe des Senfs wird durch verschiedene Senföl-Glycoside verursacht. Diese Substanzen dienen der Senfpflanze als Abwehrstoffe gegen Tierfraß, uns hingegen als Würzmittel. Die Schärfe der Senföle entsteht jedoch erst beim Zerstören der Zellen im Zuge der Senfherstellung.

➻ Grundsätzlich gibt es schwarzen, braunen und weißen (= gelben) Senf. Sie unterscheiden sich in ihrem Gehalt an Senföl-Glycosiden. Weißer/gelber Senf enthält Sinalbin, er ist vor allem im Mundraum scharf. Die Schärfe des Senfs bleibt lange erhalten. Schwarzer und brauner Senf enthalten hingegen Sinigrin, brauner Senf allerdings deutlich weniger als schwarzer. Die Schärfe des braunen Senfs ist auch in der Nase deutlich wahrnehmbar.

AROMATISCH!

MANGO-CHUTNEY

ZUTATEN FÜR 6 GLÄSER À 156 ML
4 große, reife Mangos (insgesamt 1 kg Fruchtfleisch)
2 orange Chilischoten
200 g Rohrzucker
40 g frischer Ingwer, fein gehackt
100 ml Obstessig (z.B. Apfelessig)
Samen aus 6 Kardamomkapseln, zerstoßen
½ TL Zimtpulver
Saft von 1 Zitrone
Salz

1 Mangos schälen, entkernen und das Fruchtfleisch sehr klein würfeln. Chilis entkernen und fein hacken.

2 Zucker in einen Topf geben und unter ständigem Rühren leicht karamellisieren lassen. Mango, Ingwer und Chili hinzufügen und unter Rühren mit karamellisieren. Vorsicht: Die Masse wird sehr heiß und kann spritzen! Dann den Essig unterrühren.

3 Kardamom und Zimt zur Mangomasse geben und unter gelegentlichem Rühren ca. 1 Stunde einkochen.

4 Kurz vor Ende der Garzeit den Zitronensaft und etwas Salz dazugeben.

5 Chutney kochend heiß in die vorbereiteten Gläser füllen und verschließen.

KIRSCHEN-CHUTNEY

ZUTATEN FÜR 4 GLÄSER À 90 ML
500 g Kirschen, entkernt
2 EL Rapsöl
8 Schalotten, fein gehackt
120 g Rohrzucker
60 ml Obstessig (z.B. Johannisbeeressig)
½ TL schwarzer Pfeffer
2-3 EL Rotwein

1 Entkernte Kirschen vierteln.

2 In einem Kochtopf das Rapsöl erwärmen und die Schalotten bei niedriger Hitze ca. 10 Minuten glasig dünsten.

3 Zucker zu den Schalotten geben und unter Rühren leicht karamellisieren lassen.

4 Kirschen, Essig und Pfeffer hinzufügen und unter gelegentlichem Umrühren ca. 45 Minuten köcheln lassen. Die anfangs flüssige Masse dickt dabei ein.

5 Kurz vor Ende der Garzeit einen Schuss Rotwein dazugeben.

6 Chutney kochend heiß in die vorbereiteten Gläser füllen und verschließen.

CHILISAUCE TRICOLORE

ZUTATEN FÜR 2 FLASCHEN À 200 ML

300 g Chilischoten, rot, gelb oder grün
3 EL Öl
2 EL Zitronensaft
1 TL Salz
250 ml Rapsöl, kalt gepresst

1 Backofen auf 200 °C Ober-/Unterhitze (180 °C Umluft) vorheizen. Ein Backblech mit 1 EL Öl bestreichen.

2 Chilischoten nebeneinander auf das Backblech legen, mit 2 EL Öl beträufeln und im vorgeheizten Ofen 10 Minuten braten. Chilischoten wenden und nochmals ca. 8 Minuten braten. Die Haut der Chilischoten soll sich stellenweise braun verfärben und das Fruchtfleisch weich sein.

3 Chilischoten in eine Schüssel geben und zugedeckt etwas abkühlen lassen.

4 Stielansätze der Chilischoten entfernen, die Haut abziehen und das Fruchtfleisch grob schneiden. Es bleiben ca. 150 g Fruchtfleisch übrig. (Bei manchen Chilischoten lässt sich auch das Fruchtfleisch ganz leicht von der Spitze her ausdrücken.)

5 Im Mixglas oder mit dem Mixstab Chilifruchtfleisch, Zitronensaft, Salz und kaltgepresstes Rapsöl zu einer glatten Sauce pürieren.

6 Chilisauce in die vorbereiteten Flaschen füllen und gut verschließen. So hält sich die Chilisauce im Kühlschrank für mehrere Tage. Für längere Haltbarkeit die Chilisauce nach der Methode Ihrer Wahl bei 90 °C für 20 Minuten pasteurisieren.

ECHT SCHARF

Die Schärfe von Chili ist kein Geschmackseindruck, sondern ein Schmerzreiz. Die im Chili enthaltenen Scharfstoffe Capsaicin und Dihydrocapsaicin stimulieren Wärme- und Schmerzrezeptoren. Die Schärfe im Mund kann nicht mit einem Schluck Wasser neutralisiert werden - wem es zu scharf ist, kann zur Gaumeneutralisation Honig, Zucker, Milch, Joghurt oder Frischkäse versuchen.

NICHT NUR SCHARF

Chilis unterscheiden sich nicht nur in ihrer Farbe und Schärfe. Die Aromavielfalt reicht von gemüsig, grasig, blumig oder fruchtig - selbst an Beeren, Aprikose, Pfirsich, Banane oder Melone können Chilis erinnern, zitronig sind einige Sorten - bis zu schokoladig, rauchig, essigartig oder nussig. Probieren Sie die Chilisauce daher mit verschiedenen Sorten aus!

➸ So wird etwa die schokobraune Chilisorte »Habanero chocolate« als fruchtig-scharf, nach Banane und Diesel schmeckend beschrieben. Chili »Sarit gat« ist fruchtig-säuerlich, Chili »Serrano« leicht rauchig und süßlich und Chili »Lemon drop« hat, wie der Name sagt, eine Zitrusnote.

SÜSSSAURE ASIA-PFLAUMENSAUCE

**ZUTATEN FÜR
3 FLASCHEN À 250 ML**

500 g reife Pflaumen oder Zwetschgen, Stücke
2 TL frischer Ingwer, gehackt
50 g Rohrzucker
Schale von 1 Bio-Zitrone, abgerieben
2 Gewürznelken
1 Sternanis
½ TL Zimt, gemahlen
½ TL Salz
schwarzer Pfeffer
60 ml Sherryessig

1 Pflaumen, Ingwer, Zucker, Zitronenschale, Nelken, Sternanis, Zimt, Salz und Pfeffer in einem kleinen Topf verrühren und zum Kochen bringen. Zugedeckt 10 Minuten leicht köcheln lassen. Sternanis und Nelken entfernen.

2 Alles mit dem Mixstab fein pürieren, den Essig untermischen und 2 Minuten köcheln lassen. Asia-Pflaumensauce mit Salz, Pfeffer und Essig abschmecken.

3 Die heiße Sauce in die vorbereiteten Flaschen füllen. Die Flaschen sofort verschließen.

4 Asia-Pflaumensauce nach der Methode Ihrer Wahl 20 Minuten bei 90 °C pasteurisieren. Flaschen abkühlen lassen, dunkel und kühl lagern.

VIELSEITIGE WÜRZE

Die fruchtig pikante Pflaumensauce passt zu Asia-Spezialitäten wie knusprigen Frühlingsrollen, gebratenen Teigtäschchen oder gebratener Ente und schmeckt prima zu sanft gedämpften Wan Tans mit den verschiedensten Füllungen. Aber auch unsere heimische Küche profitiert von der würzigen süßsauren Sauce. Sie wird zu gekochtem Tafelspitz serviert, harmoniert mit Wildgerichten und Kartoffelpuffern. Ein Löffelchen Asia-Pflaumensauce schmeckt auch im Dressing für einen Salat mit zart bitterem Radicchio oder Endivien.

REGIONAL
INTERNATIONAL

HIMBEER-THYMIAN-ANSATZESSIG

ZUTATEN FÜR 3 FLASCHEN À 250 ML

100 g frische Himbeeren
25 kleine Zweige frischer Thymian (à ca. 10 cm Länge)
500 ml Condimento Bianco
250 ml Weißweinessig

1 Die frischen Himbeeren waschen, trocken tupfen und vorsichtig in eine große Flasche geben. Thymian waschen, trocken tupfen und dazugeben.

2 Mit den beiden Essigen aufgießen.

3 Die Flasche verschließen, kühl stellen, und mindestens 1–2 Wochen ziehen lassen. Essig abseihen, in kleinere Flaschen füllen und verschließen.

KRÄUTERÖL

mit vierfacher Zitrusnote

ZUTATEN FÜR 1 FLASCHE À 250 ML

5 Blätter getrocknete Zitronenverbene
5 Zweige getrockneter Zitronenthymian
Schale von 1 Bio-Zitrone, getrocknet
10 Kubeben-Pfefferkörner
250 ml mildes Olivenöl

1 Zitronenverbene, Zitronenthymian, Zitronenschale und Pfefferkörner in die Flasche geben. Mit Olivenöl aufgießen, das Öl muss die Kräuter und Gewürze vollständig bedecken.

2 Flasche verschließen und 2–3 Wochen in einem dunklen Raum ziehen lassen.

3 Kräuter und Gewürze entfernen und das Öl dunkel lagern.

DEMI-GLACE

ZUTATEN FÜR
3 GLÄSER À 200 ML

1 kg Kalbsknochen (Saucenknochen)
400 g Zwiebeln, geviertelt
100 g Karotte, große Stücke
50 g Sellerie, große Stücke
½ TL getrockneter Thymian
1 Muskatblüte
1 TL schwarze Pfefferkörner
100 g Tomatenmark
2 Lorbeerblätter
15 g Salz

1 Backofen auf 180 °C Ober-/Unterhitze (160 °C Umluft) vorheizen. Kalbsknochen in einer Lage in einer feuerfesten Form verteilen und im vorgeheizten Ofen ca. 1 Stunde rösten. Dabei immer wieder wenden. Die Knochen sollen rundum appetitlich braun sein.

2 Zwiebeln, Karotten, Sellerie, Thymian, Muskatblüte und Pfeffer mit den Knochen vermischen. Sehr wenig Wasser angießen. Der Boden der Form soll ca. 3 mm hoch mit Wasser bedeckt sein. Alles noch ca. 1 Stunde im Ofen garen. Dabei darauf achten, dass der Boden der Form immer mit einer hauchdünnen Schicht Flüssigkeit bedeckt ist.

3 Tomatenmark untermischen, alles im Ofen kurz erhitzen.

4 Saucenansatz in einen großen Topf umfüllen, mit 2 l kaltem Wasser aufgießen, Lorbeerblätter und Salz dazugeben, alles zum Kochen bringen. Schaum abschöpfen. Den Jus bei sehr geringer Temperatur ca. 6 Stunden ziehen lassen, dabei immer wieder den Schaum abschöpfen. Am Ende der Garzeit sollen ca. 600 ml Flüssigkeit übrig bleiben.

5 Knochen und Gemüse mit einem Schaumlöffel aus dem Topf heben. Sieb mit einem Küchentuch auslegen, Demi Glace durch das Sieb gießen.

6 Die einfachste Art, um die Demi Glace zu entfetten: abkühlen lassen, kalt stellen und fest werden lassen. Dabei setzt sich an der Oberfläche eine feste Fettschicht ab. Diese lässt sich leicht entfernen.

7 Entfettete Demi Glace in einen kleinen Topf geben, zum Kochen bringen und wenn notwendig noch etwas einreduzieren lassen (auf ca. 450 ml). Sieb mit einem Küchentuch auslegen. Demi Glace durch das Tuch gießen.

8 Die heiße Demi Glace in die vorbereiteten Gläser füllen, dabei Füllhöhe und Deckelart beachten. Demi Glace bei 90 °C in 30 Minuten pasteurisieren.

WÜRZWUNDER

Bereits kleinste Mengen Demi Glace verfeinern Suppen, Saucen, Gemüse-, Pilz- und Fleischgerichte. Einfach am Ende der Garzeit ein Löffelchen der stichfesten Demi Glace unterrühren.

EINGELEGT & FERMENTIERT

HOW TO DO

WICHTIGES
AUF EINEN BLICK

QUALITÄTSPRÜFUNG ZUHAUSE

Auch haltbare Produkte sollten Sie vor dem Essen einer Qualitätsprüfung unterziehen. Wie das geht, erfahren Sie auf S. 101.

MILCHSAUER FERMENTIEREN

Der im Gemüse enthaltene Zucker wandelt sich im Zuge der Fermentation in Milchsäure um. Dafür muss das Wachstum von Milchsäurebakterien gefördert und gleichzeitig jenes schädlicher Keime unterdrückt werden. Salzzugabe zum Gemüse sorgt dafür! Die Haltbarkeit fermentierter Produkte beträgt maximal 1 Jahr.

➽ **Verwenden Sie zum Würzen getrocknete statt frische Kräuter (z.B. getrockneten Dill bei Salzgurken). Frische Kräuter können die Fermentation kippen.**

SAUERGEMÜSE IN ESSIG

Das Gemüse wird in ein großes Konservenglas geschlichtet und dann mit einer Essig-Zucker-Wasser-Mischung (mit oder ohne Gewürze) übergossen und eingekocht.
Je bissfester Sie Ihr Gemüse haben wollen, desto größer sollte der Essiganteil sein. Geben Sie Ihrem Gemüse nach dem Einkochen 2 bis 3 Wochen Zeit zum Reifen, um die wunderschönen Aromen aus den Gewürzen aufzusaugen. Die Gläser sind – je nach Rezept – ca. 6 Monate bis zu 1 Jahr haltbar.

➽ **Achtung: Den Glasinhalt nicht mehr essen, wenn sich ein Bodensatz in den Gläsern bildet oder ein weißer Schleier zu sehen ist! Auch eine Trübung des Suds kann ein Zeichen dafür sein, dass sich bereits Hefe gebildet hat.**

➽ **Bitte achten Sie auf Ihre Deckel! Die Deckel sollten säurebeständig sein (mind. für 60ppm/SO2, besser noch für 100 ppm/SO2 - mehr dazu auf S. 26).**

IN ÖL EINGELEGT

Hier kommt Gemüse direkt aus dem Garten oder frisch vom Markt ins Glas. Wenn Sie es im Winter öffnen, werden Sie ein Stück Sommer genießen!
Melanzani- oder Zucchinischeiben können im Ofen, in einer gerippten Grillpfanne oder direkt auf dem Grill gegart werden.

➽ **Sie können in Öl eingelegte Gemüse durch Kopfraum-Pasteurisation (S. 27) haltbarer machen.**

KOREA: KEINE MAHLZEIT OHNE KIMCHI

Würzig-pikantes Kimchi (S. 136) kommt in Korea zu jeder Mahlzeit auf den Tisch. Es schmeckt zu Fleisch, Fisch, Gemüse- und Reisgerichten. Kimchi ist unverzichtbar für die koreanische Küche, wird fein geschnitten in Nudeltöpfe gerührt oder zu Kimchi-Puffern verbraten. Kimchi passt aber auch hervorragend zu Schweinebraten, geräuchertem Speck, Bratwürsten, gegrillter Makrele und Bratkartoffeln.

EINGELEGTER GRÜNER SPARGEL

ZUTATEN FÜR 3 GLÄSER À 500 ML
700 g dünner grüner Spargel (oder wilder Spargel)
2 Bio-Zitronen
Sud
700 ml Weißweinessig (6 % Säure)
750 ml Wasser
100 g Zucker
70 g Meersalz
1 TL getrockneter Estragon
4 Lorbeerblätter

1 Grüner Spargel wird ungeschält verarbeitet, nur die trockenen Enden abschneiden.

2 Zitronenschale mit einem scharfen Messer in dünnen, langen Streifen spiralförmig abschneiden. Zitronenschale in kochendem Wasser kurz blanchieren, abgießen, abtropfen lassen.

3 Für den Sud Essig, Wasser, Zucker und Salz aufkochen. Estragon und Lorbeer dazugeben. Sud vom Herd nehmen, zugedeckt 5 Minuten ziehen lassen und durch ein Sieb abgießen.

4 Jeweils die Spargelmenge für ein Glas mit Zitronenschale umwickeln. Spargel in die vorbereiteten Gläser geben. Gläser mit dem Sud auffüllen, dabei einen Rand von 2 cm frei lassen. Gläser gut verschließen. Spargel nach der Methode Ihrer Wahl bei 90 °C für 30 Minuten pasteurisieren.

ORIENTALISCHE BLUMENKOHL-PICKLES

ZUTATEN FÜR 4 GLÄSER À 400 ML
2 Karotten
800 g Blumenkohl, kleine Röschen
Sud
300 ml Weißweinessig (6 % Säure)
140 ml Zitronensaft
500 ml Wasser
100 g Zucker
40 g Meersalz
1½ EL frischer Ingwer, fein gehackt
½ TL Kurkuma (Gelbwurz), gemahlen
2 TL Kreuzkümmel, ganz
2 TL Koriander, ganz
1 TL Bockshornklee, ganz
10 Pimentkörner

1 Für den Sud Weißweinessig, Zitronensaft, Wasser, Zucker, Salz, Ingwer, Kurkuma, Kreuzkümmel, Koriander, Bockshornklee und Piment in einem kleinen Topf verrühren, erhitzen, einen Moment aufkochen und abkühlen lassen.

2 Karotten schälen, mit dem Sparschäler in dünne Längsstreifen schneiden.

3 Blumenkohl in einem Siebeinsatz über Wasserdampf in ca. 7 Minuten bissfest garen. Die letzte Minute die Karotten mitgaren. Blumenkohl und Karotten in eiskaltem Wasser abschrecken, in ein Sieb abgießen und gut abtropfen lassen.

4 Blumenkohl und Karotten in die vorbereiteten Gläser schichten. Mit dem Sud aufgießen und die Gläser verschließen. Blumenkohlpickles nach der Methode Ihrer Wahl bei 90 °C für 30 Minuten pasteurisieren.

EINGELEGTER KÜRBIS

ZUTATEN FÜR
5 GLÄSER À 370 ML

1 kg Hokkaido-Kürbis, 1 cm große Stücke

Sud

200 ml Reisessig (4,6 % Säure)
100 ml Apfelessig (5 % Säure)
200 ml Wasser
50 g Zucker
1 Zimtstange
25 g frischer Ingwer, dünne Scheiben
5 Pimentkörner
½ TL wilder schwarzer Pfeffer
1 Prise Meersalz

1 Essig, Wasser und Zucker aufkochen. Die Zimtstange in mehrere Teile brechen und gemeinsam mit dem Ingwer, Piment, Pfeffer und Salz zum Essigwasser geben.

2 Kürbis hinzufügen, nochmals aufkochen lassen, heiß in die vorbereiteten Gläser füllen und verschließen.

3 Im Einkochautomaten bei 90 °C für 30 Minuten pasteurisieren. Alternativ auf ein mit Wasser befülltes Blech bei 160 °C in den vorgeheizten Backofen stellen. So lange warten, bis das Wasser perlt, dann abschalten und 30 Minuten im Ofen stehen lassen.

PFEFFER IST NICHT GLEICH PFEFFER
Wilder schwarzer Pfeffer, auch Voatsiperifery genannt, kommt aus Madagaskar. Er ist unheimlich aromatisch, aber eine Rarität. Sie können ihn durch andere schwarze Pfeffersorten ersetzen. Es lohnt sich zu experimentieren!

HERZHAFT IM HERBST

HONIG-SENFGURKEN

ZUTATEN FÜR 3 GLÄSER À 300 ML
1 kg Feldgurken
1-2 EL Meersalz
Sud
110 ml Apfelessig (5 % Säure)
110 ml Weißweinessig (6 % Säure)
230 ml Wasser
50 g Zucker
20 g Meersalz
12 g Honig
2 TL gelbe Senfkörner
1 TL schwarze Pfefferkörner
¼ TL Kurkuma (Gelbwurz), gemahlen

1 Gurken schälen, längs halbieren, Kerne mit einem Esslöffel auskratzen. Gurkenhälften je nach Größe dritteln oder vierteln. Gurken in lange Stücke schneiden (7 x 3 cm).

2 Gurken in einer Schüssel mit Salz vermischen, kalt stellen, über Nacht (oder ca. 8 Stunden) ziehen lassen. Dabei wird den Gurken Wasser entzogen und die Senfgurken werden besonders knackig.

3 Vor der Weiterverarbeitung die Gurken in einem Sieb abtropfen lassen, in kaltem Wasser gut spülen und wiederum abtropfen lassen.

4 Für den Sud Apfelessig, Weißweinessig, Wasser, Zucker, Salz, Honig, Senfkörner, Pfeffer und Kurkuma in einem kleinen Topf verrühren, erhitzen, einen Moment aufkochen und abkühlen lassen.

5 Gurken in die vorbereiteten Gläser schichten. Gläser bis 2 cm unter den Deckelrand mit dem Sud auffüllen und verschließen. Senfgurken nach der Methode Ihrer Wahl bei 90 °C für 30 Minuten pasteurisieren.

SHERRYZWIEBELN
mit Rosmarin

ZUTATEN FÜR 3 GLÄSER À 300 ML
2 EL Öl
600 g Perlzwiebeln oder Schalotten, abgezogen
Sud
175 ml Sherryessig (7 % Säure)
150 ml Sherry medium dry
150 ml Wasser
50 g Zucker
20 g Meersalz
3 kleine Rosmarinzweige

1 Das Öl in einer beschichteten Pfanne erhitzen. Zwiebeln darin bei milder Hitze in ca. 40 Minuten weich und goldbraun schmoren, dabei ab und zu umrühren.

2 Für den Sud Sherryessig, Sherry, Wasser, Zucker und Salz aufkochen.

3 Zwiebeln mit je einem Rosmarinzweig in die vorbereiteten Gläser schichten. Gläser bis 2 cm unter den Deckelrand mit dem Sud auffüllen und verschließen. Die Zwiebeln nach der Methode Ihrer Wahl bei 90 °C für 30 Minuten pasteurisieren.

TAPAS AUS DEM GLAS
Spanische Urlaubsgefühle zu Hause: Sherryzwiebeln mit Rosmarin harmonieren mit Manchego-Käse, Serrano-Schinken, Oliven und der klassischen Kartoffel-Tortilla.

¡OLÉ!

SANDWICH-PICKLES

ZUTATEN FÜR 3 GLÄSER À 300 ML

3 rote Paprikaschoten
200 g Einlegegurken (Warzengurken), dünne Scheiben
1 TL Salz
200 g Karotten, dünne Scheiben
100 g kleine Zwiebeln, feine Ringe
Sud
380 ml Weißweinessig (6 % Säure)
260 ml Wasser
100 g Zucker
40 g Meersalz
4 TL gelbe Senfkörner
2 TL schwarze Pfefferkörner

1 Für den Sud in einem kleinen Topf Weißweinessig, Wasser, Zucker, Salz, Senfkörner und Pfeffer aufkochen, vom Herd nehmen und 10 Minuten ziehen lassen. Marinade durch ein Sieb abgießen, abkühlen lassen.

2 Backofen auf 200 °C Ober-/Unterhitze (Umluft 180 °C) vorheizen. Die ganzen Paprikaschoten auf den Rost (mittlere Schiene) legen und 25–30 Minuten garen, bis die Paprikahaut große Blasen wirft und sich stellenweise dunkelbraun verfärbt. Paprika in einer Schüssel abkühlen lassen. Stielansatz und Kerne entfernen. Fruchtfleisch in feine Streifen schneiden.

3 Gurken mit 1 TL Salz vermischen, 1 Stunde ziehen lassen. Gurken mit kaltem Wasser gut abspülen und in einem Sieb abtropfen lassen.

4 Karotten zugedeckt in einem Siebeinsatz über Wasserdampf in ca. 3 Minuten bissfest garen, in eiskaltem Wasser abschrecken, in ein Sieb abgießen und gut abtropfen lassen.

5 In einer Schüssel Paprika, Gurken, Karotten und Zwiebeln vermischen.

6 Die Pickles-Mischung dicht in die vorbereiteten Gläser füllen, mit dem Sud auffüllen. Gläser verschließen. Sandwich-Pickles 30 Minuten bei 90 °C pasteurisieren.

AUS DEM GLAS DIREKT AUFS BROT

Fein vorgeschnittene Sandwich-Pickles machen belegte Brötchen würzig, passen zu Schinken, Leberwurst oder Pastrami und schmecken auch mit herzhaftem Schnittkäse, Räuchertofu und hart gekochten Eiern. Wenn Sie also in der Osterzeit noch Pickles im Vorratsschrank haben: Jetzt ist die Genusszeit gekommen!

SALZZITRONEN

ZUTATEN FÜR 1 GLAS À 1,7 L
20 kleine Bio-Zitronen mit dünner Schale
100-150 g Meersalz (nicht jodiert)
Zitronensaft

1 Zitronen abbürsten, gut waschen und beim Stielansatz etwas abschneiden. Zitronen jeweils senkrecht auf ein Schneidebrett stellen (Schnittfläche nach unten) und von oben nach unten vierteln. Dabei aber nicht ganz durchschneiden. Die Zitronenviertel sollen noch zusammenhalten.

2 Jeweils ca. 2 TL Salz zwischen die Zitronenviertel geben und leicht einreiben.

3 Zitronen eng nebeneinander in das vorbereitete Glas schichten. Dabei tritt reichlich Saft aus. Die Zitronen sollen ganz vom Saft bedeckt sein. Glas eventuell mit Zitronensaft auffüllen.

4 Glas mit Frischhaltfolie dicht abdecken. Deckel aufsetzen (Glas nicht fest verschließen). Zitronen kühl und dunkel stellen und in ca. 4–6 Wochen reifen lassen. Die Zitronenhaut wird dabei ganz weich. Fertige Salzzitronen im Kühlschrank lagern.

5 Zitronen nur mit Küchenhandschuhen oder einer sauberen Gabel aus dem Glas nehmen. Angeschnittene Zitronen nicht mehr zurück ins Glas geben. Vor der Weiterverarbeitung die Zitronenkerne entfernen.

NICHT NUR FÜR DIE MAROKKANISCHE KÜCHE

Klein gehackt oder in großen Stücken - Salzzitronen würzen in der orientalischen Küche Fisch-, Fleisch-, Geflügel- und Gemüsegerichte, geben Couscous und Eintöpfen mit Hülsenfrüchten den besonderen Pfiff und schmecken auch in Salatdressings. Auch in heimische Leibgerichte bringen sie eine feine Zitrusnote, darum zur Abwechslung die Sauce zu den Königsberger Klopsen und Buttersaucen für heimischen Grillfisch mit fein gehackter Salzzitronen-Schale würzen.

SALZGURKEN

ZUTATEN FÜR 1 GLAS À 2 L UND 1 GLAS À 3 L
3 kg Einlegegurken (Warzengurken)
6 Frühlingszwiebeln
6 Knoblauchzehen, geschält
Salzlake
4 l Wasser
200 g Meersalz (nicht jodiert)
3 TL getrockneter Dill
1 TL getrocknete Dillsamen
10 schwarze Pfefferkörner

1 Gurken abbürsten und gut waschen. Gurkenenden etwas abschneiden. Gurken mit einer kleinen spitzen Gabel ein- bis zweimal einstechen. Das Grün der Frühlingszwiebeln abschneiden, anderweitig verwenden. Es werden nur die dickeren weißen Teile benötigt.

2 Salzlake: Wasser und Salz aufkochen, abkühlen lassen. Dill, Dillsamen und Pfeffer in zwei kleine Leinensäckchen oder Teefilter füllen.

3 Gurken dicht nebeneinander in die vorbereiteten Gläser schichten. Dazwischen Frühlingszwiebeln, Knoblauch und je 1 Gewürzsäckchen geben.

4 Gläser mit der Salzlake auffüllen, die Gurken müssen vollständig bedeckt sein. Gläser mit Frischhaltefolie abdecken, Glasdeckel nur locker daraufsetzen (auf keinen Fall das Glas fest verschließen). Restliche Salzlake in eine Flasche geben.

5 Gurken an einen warmen Platz in den Halbschatten stellen, 4–6 Tage fermentieren lassen. Dabei kann es im Glas ordentlich blubbern und Bläschen können aufsteigen. Läuft die Salzlake über, Glas mit der beiseite gestellten Salzlake auffüllen. Die Gurken müssen immer bedeckt sein.

6 Geruchstest: Fein säuerlicher Dill-Geruch ohne störende Nebengerüche zeigt, dass die Fermentierung harmonisch verläuft. Nach 6–8 Tagen sind die Salzgurken fertig.

7 Reifetest: Eine Gurke mit einer sauberen Gabel aus dem Glas nehmen, längs durchschneiden. Ist die Schnittfläche zu 70–100 % glasig und dunkelgrün, sind die Salzgurken fertig. Gewürzsäckchen entfernen, Salzgurken im verschlossenen Glas im Kühlschrank lagern. Die Gurken sind einige Wochen haltbar.

8 Auf den Salzgurken kann sich eine feine weiße Schicht ablagern, das ist ganz natürlich und beeinträchtig die Qualität nicht.

GLÄSER MIT KRISTALLSODA REINIGEN
Schon winzige Reste von Spülmittel können die Milchsäuregärung behindern. Darum die Gläser vor dem Befüllen nicht mit Spülmittel, sondern mit einer Kristallsoda-Lösung reinigen.

DILLBLÜTEN, SELBST GETROCKNET
Wenn Sie vom Gärtner oder aus dem eigenen Garten Dilldolden bekommen können, diese mindestens 2 Wochen trocknen und die Gewürzsäckchen damit befüllen.

ROTES KIMCHI

ZUTATEN FÜR 2 GLÄSER À 2 L
2 kg Chinakohl
300-400 g Meersalz (nicht jodiert)
Würzpaste
50 g Knoblauch, sehr fein gehackt
25 g frischer Ingwer, sehr fein gehackt
200 g Lauch, feine Streifen
250 g Karotten, grob geraspelt
1 EL Zucker
50 g scharfes Paprikapulver
1 EL Meersalz (nicht jodiert)

1 Am Strunk des Chinakohls die trockene Schnittfläche dünn abschneiden. Chinakohl in der Mitte des Strunks zuerst ca. 6 cm einschneiden, dann den Chinakohl mit den Händen in zwei Hälften auseinanderbrechen.

2 Chinakohl zuerst abwaschen, dann einsalzen. Dabei zwischen den einzelnen Blättern großzügig Salz verteilen und auch die Schnittflächen mit Salz bestreuen.

3 Chinakohl in große Siebe geben und 1½ Stunden durchziehen lassen. Dabei nehmen die Blätter Salz auf, geben reichlich Flüssigkeit ab und werden weich.
(Sie können den Chinakohl auch auf große Kuchengitter legen und zum Abtropfen in die Badewanne stellen.)

4 Chinakohl sehr gut mit kaltem Wasser abspülen, abtropfen lassen, leicht ausdrücken und die Chinakohl-Hälften nochmals längs halbieren – so passen sie leichter in die Gläser.

5 Sowohl für die Herstellung der sehr scharfen und färbenden Würzpaste als auch für das Würzen des Chinakohls sollten Sie Küchenhandschuhe tragen.

6 Für die Würzpaste Knoblauch, Ingwer, Lauch, Karotten, Zucker, Paprikapulver und 1 EL Salz zuerst verrühren, dann mit den Händen gut verkneten.

7 Würzpaste großzügig zwischen die Blätter des Chinakohls reiben, Schnittflächen damit einreiben. Chinakohl zu kleinen Päckchen zusammenlegen und dicht nebeneinander in die vorbereiteten Gläser schichten.

8 Gläser mit Frischhaltefolie abdecken, Deckel locker daraufsetzen – nicht verschließen!

9 Damit die Fermentierung startet, das Kimchi zuerst 1 Tag bei Zimmertemperatur stehen lassen, dann noch 10–14 Tage zur Reifung in den Kühlschrank geben. Dabei entsteht der typische Kimchi-Geruch.

10 Die fertigen Kimchi-Päckchen mit Küchenhandschuhen oder einer Zange aus dem Glas nehmen. Kimchi in Scheiben schneiden und servieren. Bleibt Kimchi übrig, dieses nicht mehr zurück ins Glas geben, sondern getrennt und verschlossen im Kühlschrank aufbewahren.

ORIGINAL MIT FISCHAROMA
➻ Für den typischen Umami-Geschmack werden in die Würzpaste noch 40 g getrocknete, sehr fein gehackte Sardellen oder 1 EL Fischsauce gemischt. Allerdings steigert sich dadurch auch die Geruchsentwicklung bei der Fermentierung. Fertiges Kimchi kann verschlossen im Kühlschrank gelagert werden.

AUBERGINEN IN OLIVENÖL
mit Vanille

ZUTATEN FÜR 3 GLÄSER À 300 ML
800 g Auberginen
Salz
600 ml Olivenöl
6 Knoblauchzehen, geschält, ganz
Mark von 1 Vanilleschote
(Tahiti-Vanille)

1 Auberginen in 8 mm dünne Scheiben schneiden. Auberginen einsalzen, ca. 30 Minuten Flüssigkeit ziehen lassen und mit Küchenpapier trocken tupfen.

2 Backofen auf 200 °C Ober-/Unterhitze (Umluft 180 °C) vorheizen. Zwei Backbleche mit 1 EL Olivenöl bestreichen. Auberginenscheiben nebeneinander darauflegen, mit jeweils 2 EL Olivenöl beträufeln. Knoblauch mit 2 EL Olivenöl vermischen, zwischen den Auberginen verteilen.

3 Auberginen und Knoblauch im vorgeheizten Ofen auf jeder Seite 10 Minuten braten.

4 Restliches Olivenöl und Vanillemark verrühren.

5 Auberginen und Knoblauch in die vorbereiteten Gläser schichten. Zwischen die einzelnen Auberginenscheiben immer etwas Vanille-Olivenöl geben. Zum Schluss so viel Olivenöl in die Gläser füllen, dass die Auberginen vollständig mit Öl bedeckt sind. Die Gläser verschließen.

6 Die Auberginen halten sich im Kühlschrank einige Tage. Für längere Haltbarkeit Kopfraum-Pasteurisation durchführen (S. 27).

PEPERONATA
mit Schmorzwiebeln und Kardamom

ZUTATEN FÜR 4 GLÄSER À 300 ML
6 rote Paprikaschoten
4 gelbe Paprikaschoten
1 TL Meersalz
2 EL Zitronensaft
600 ml Rapsöl, kalt gepresst
1 Zwiebel, sehr dünne Ringe
Samen aus 6 Kardamomkapseln

1 Backofen auf 200 °C Ober-/Unterhitze (180 °C Umluft) vorheizen. Ganze Paprika auf den Backofenrost (mittlere Schiene) legen und 30 Minuten garen. Die Haut der Paprikaschoten soll Blasen werfen und sich stellenweise dunkelbraun verfärben.

2 Paprika zugedeckt in einer Schüssel etwas abkühlen lassen. Stielansatz und Kerne entfernen, Haut abziehen. Paprikafruchtfleisch in breite Streifen schneiden. Mit Salz und Zitronensaft vermischen.

3 In einer Pfanne 2 EL Öl erhitzen. Zwiebeln darin bei milder Hitze in ca. 20 Minuten weich und goldbraun schmoren. Kardamom kurz in einer trockenen Pfanne anrösten, im Mörser zerstoßen. Restliches Öl mit Kardamom vermischen.

4 Paprika und Zwiebeln in die vorbereiteten Gläser schichten. Gläser mit Kardamom-Öl bis 3 cm unter dem Rand füllen. Darauf achten, dass keine Lufteinschlüsse bleiben. Gläser verschließen.

5 Die Peperonata hält sich im Kühlschrank einige Tage. Für längere Haltbarkeit Kopfraum-Pasteurisation durchführen (S. 27).

FRISCHKÄSEBÄLLCHEN IN ÖL

ZUTATEN FÜR 4 GLÄSER À 314 ML
1800 g Joghurt 3,6 % F.i.T.
2 TL getrocknete Minze
Meersalz
8 Knoblauchzehen, geschält
1 TL schwarze Pfefferkörner
600 ml Olivenöl

1 Ein Sieb über eine Schüssel legen, das Sieb mit einem Tuch oder einer Stoffserviette auslegen.

2 Joghurt in das ausgekleidete Sieb schütten und zugedeckt 1–2 Tage im Kühlschrank abtropfen lassen. Eventuell mit einem passenden Teller beschweren, der resultierende Frischkäse soll möglichst fest sein.

3 Joghurt-Frischkäse mit Minze und Salz verrühren.

4 Mit eingeölten Händen 3–4 cm große Bällchen formen.

5 Knoblauchzehen schälen.

6 Knoblauch, Pfefferkörner, Öl und die Bällchen vorsichtig in die vorbereiteten Gläser schichten. Der Frischkäse muss am Schluss vollständig mit Öl bedeckt sein. Die Gläser gut verschließen und im Kühlschrank lagern. Die Frischkäsebällchen in Olivenöl sind nur begrenzt haltbar (ca. 1 Woche).

ABWECHSLUNG LEICHT GEMACHT
Den Frischkäse mit Schaf- oder Ziegenjoghurt zubereiten und die Bällchen mit getrockneter provençalischer Kräutermischung würzen.

→ RASCH GENIESSEN

WURST & FLEISCH

HOW TO DO!

WICHTIGES AUF EINEN BLICK

HYGIENE & SAUBERKEIT

sind oberste Gebote bei der Fleischverarbeitung!

EINKOCHEN

Fleischprodukte haben einen wesentlichen höheren Eiweißgehalt, achten Sie daher penibel auf die angegebene Einkochzeit und -temperatur (evtl. zusätzliches Backofen-Thermometer verwenden), damit das Füllgut wirklich steril ist.

➸ Je höher der Fettanteil Ihres Füllgutes ist, desto mehr Platz braucht es beim Pasteurisieren zur Ausdehnung. Gläser nie mehr als ⅔-hoch füllen!

GULASCH & RAGOUTS

Nachträgliches Einkochen verkürzt die Garzeit! Lassen Sie diese Fleischgerichte nur ca. 40 Minuten im Topf köcheln, füllen Sie sie in Gläser und kochen Sie Ihr Füllgut ein.

PASTETEN & WURST

Um ein optimales Ergebnis zu erhalten, verrühren Sie die Fleischmasse besonders gut zu einer geschmeidigen, homogenen Farce.

➸ Machen Sie eine Geschmacksprobe: Eine beschichtete Pfanne erhitzen, einen Löffel der Farce darin leicht platt drücken, auf beiden Seiten braten und, wenn notwendig, nachwürzen.

➸ Pasteten und Wurst in Gläsern mit Glasdeckel einkochen, Metallklammern nach dem Abkühlen entfernen. Sollten sich Fäulnisbakterien in den Fleischprodukten bilden, lösen sich die Glasdeckel. Der Inhalt dieser Gläser darf auf keinen Fall verzehrt werden.

SAUCEN

vor dem Einkochen nicht mit Sahne, Crème fraîche oder saurer Sahne binden. Erst beim Aufwärmen damit verfeinern!

ZWIEBELN, JUNGZWIEBELN, SCHALOTTEN

Verwenden Sie ausschließlich gedünstete, gebratene und gekochte Zwiebeln bzw. Schalotten. Wenn Sie diese roh zum Füllgut geben und einkochen, kann es zur Gärung kommen.

KÖSTLICHE KOMBINATIONEN AUS DEM GLAS

Als Wanderproviant eignen sich herzhafte Leberwurst (S. 144), Schokokuchen mit Salzpistazien (S. 184) und Ananas-Minze-Sirup, gespritzt mit Mineralwasser (S. 202). Als feines Menü aus dem Vorratsschrank servieren Sie Kalbfleischpastete mit Steinpilzen (S. 146), dazu knusprig geröstetes Brot mit Oliven, Tomaten und Rosmarin (S. 182), anschließend Rindfleischcurry (S. 157) mit Mangochutney (S. 110) und Reis und als Dessert das Bratapfelmus mit Trockenfrüchten (S. 174).
Eine herzhafte Kombination sind marokkanische Bratwurst (S. 150), orientalische Blumenkohl-Pickles (S. 122) und der Aprikosen-Kokos-Kuchen (S. 188).

HERZHAFTE LEBERWURST

ZUTATEN FÜR
10 GLÄSER À 200 ML

400 g Schweineschulter
400 g Schweinebauch
300 g Schweineleber, große Stücke
700 ml Wasser
2 Lorbeerblätter
¼ TL gelbe Senfkorner
4 Wacholderbeeren
Salz
60 g roh geräucherter Frühstücksspeck ohne Schwarte
50 g Schweineschmalz
150 g Zwiebeln, fein gehackt
¼ TL getrockneter Ingwer, gemahlen
1½ TL getrockneter Majoran
6 Pimentkörner, zerstoßen
Muskat
Pfeffer

1 Während Sie die Zutaten vorbereiten, das Fleisch und die Leber kalt stellen.

2 Wasser mit Lorbeerblättern, Senfkörnern, Wacholder und ¼ TL Salz zum Kochen bringen. Schweineschulter und Schweinebauch dazugeben. Das Fleisch zugedeckt 40 Minuten köcheln. Frühstücksspeck dazugeben, alles noch ca. 5 Minuten köcheln lassen. Fleisch und Frühstücksspeck aus dem Topf nehmen, in kleine Stücke schneiden. Von der Garflüssigkeit 100 ml abmessen und durch ein feines Sieb gießen.

3 Während das Fleisch kocht, das Schmalz in einer beschichteten Pfanne erhitzen. Zwiebeln darin bei milder Hitze zuerst weich und glasig dünsten, dann einen Moment unter Rühren leicht goldgelb braten.

4 Schweineleber und Zwiebeln durch die feine Scheibe des Fleischwolfs drehen.

5 Schweineschulter, Schweinebauch und Frühstücksspeck durch den Fleischwolf drehen.

6 Fleisch und Leber-Zwiebel-Mischung gut vermischen und nochmals durch den Fleischwolf drehen. Die Wurstmasse mit 15 g Salz, Ingwer, Majoran, Piment, Muskat und Pfeffer würzen.

7 100 ml gesiebte Garflüssigkeit dazugeben. Alles sehr gut vermischen und kräftig verrühren, bis eine glatte, geschmeidige Masse entsteht.

8 Wurstbrät in die vorbereiteten Gläser füllen. Die Gläser nur bis zu zwei Dritteln füllen und verschließen. Die Leberwurst bei 100 °C in 120 Minuten nach der Methode Ihrer Wahl pasteurisieren. Gläser abkühlen lassen, bei 2–6 °C dunkel lagern.

ES GEHT UM DIE WURST

Geschmackstest vor dem Abfüllen:

➻ Eine kleine beschichtete Pfanne erhitzen, 1 TL der Leberwurstmasse darin leicht platt drücken und auf beiden Seiten braten und kosten. Die Wurst soll gut würzig sein. Wurstbrät bei Bedarf mit Salz, Majoran, Piment, Muskat und/oder Pfeffer abschmecken.

KALBFLEISCHPASTETE
mit Steinpilzen

ZUTATEN FÜR 8 GLÄSER À 300 ML

1 kg Hackfleisch vom Kalb
20 g getrocknete Steinpilze
2 EL Öl
100 g Zwiebeln, fein gehackt
100 g Lauch, fein geschnitten
3 EL Petersilie, fein gehackt
60 ml Cognac
60 ml Sherry medium dry
1 trockenes Brötchen, große Stücke
200 g Sahne
2 Eier
2 TL Bio-Zitronenschale, fein gehackt
2 TL frischer Ingwer, fein gehackt
1 TL getrockneter Thymian
5 Pimentkörner, zerstoßen
18 g Salz
Muskat
Pfeffer

1 Kalbfleisch bis zur Verwendung kalt stellen.

2 Steinpilze mit 100 ml heißem Wasser übergießen, 30 Minuten quellen und in einem Sieb abtropfen lassen. Steinpilze in kleine Stücke schneiden.

3 1 EL Öl in einer beschichteten Pfanne erhitzen. Zwiebeln darin bei milder Hitze weich und glasig dünsten. Lauch dazugeben, kurz unter Rühren andünsten. Petersilie dazugeben, kurz unter Rühren andünsten. Alles aus der Pfanne nehmen und noch feiner hacken. 1 EL Öl in der Pfanne erhitzen. Steinpilze kurz unter Rühren braten, mit Cognac und Sherry ablöschen, einen Moment erhitzen, aus der Pfanne nehmen.

4 Das Brötchen kurz in kaltem Wasser einweichen, ausdrücken und sehr fein zerpflücken.

5 500 g Kalbfleischhack, Sahne und Eier, Brötchen und Garflüssigkeit der Pilze im Cutter (Multizerkleinerer) zu einer feinen Farce verarbeiten. Am einfachsten gelingt das, wenn Sie die Zutaten in drei Tranchen cuttern.

6 Fleischfarce, restliches Kalbfleischhack, Zwiebel-Petersilien-Mischung, Steinpilze, Zitronenschale, Ingwer, Thymian, Piment, Salz, Muskat und Pfeffer sehr gut vermischen und kräftig zu einer glatten, geschmeidigen Masse verrühren.

7 Pastetenmasse in die vorbereiteten Gläser füllen, dabei darauf achten, dass keine Luftpolster entstehen. Die Gläser nur zu zwei Dritteln füllen und verschließen.

8 Kalbfleischpastete bei 100 °C in 120 Minuten nach der Methode Ihrer Wahl sterilisieren. Gläser bei 2–6 °C dunkel lagern.

GERÜSTET FÜR DIE ÜBERRASCHUNGSPARTY

Kalbfleischpastete in Würfel schneiden, mit Gurkenstreifen und Heidelbeeren auf Spießchen stecken, dazu passt Apfel-Basilikum-Senf (S. 108).

RILLETTES »EAST MEETS WEST«

ZUTATEN FÜR
3 GLÄSER À 250 ML

300 g Schweinebauch, Stücke (2 x 3 cm)
200 g Schweineschulter, Stücke (2 x 3 cm)
50 g Schweineschmalz
100 ml Sherry medium dry
100 ml Wasser
2½ EL Sojasauce
6 Knoblauchzehen, geschält
1 Sternanis
1 rote Chilischote
¼ TL getrockneter Ingwer, gemahlen
1 Prise Zimt, gemahlen

Außerdem
Schweineschmalz zum Versiegeln der Oberfläche

1 Während Sie die Zutaten vorbereiten, das Fleisch kalt stellen.

2 Backofen auf 150 °C Ober-/Unterhitze (Umluft 130 °C) vorheizen. Schmalz in einer Pfanne erhitzen. Schweinebauch und Schweineschulter darin unter Rühren von allen Seiten knusprig braun braten und in eine ofenfeste Form oder einen flachen, ofenfesten Topf geben.

3 Fleisch mit Sherry, Wasser, Sojasauce, Knoblauch, Sternanis, Chili, Ingwer und Zimt vermischen und alles unter Rühren auf der Herdplatte zum Kochen bringen.

4 Rillettes zudecken und im vorgeheizten Ofen 1 Stunde garen. Sternanis entfernen. Rillettes noch 1½ Stunden zugedeckt im Ofen garen, dabei ab und zu umrühren.

5 Rillettes durch ein Sieb abgießen. Chilischote entfernen. Bratensaft auffangen.

6 Rillettes in vorbereitete Gläser füllen, dabei die Fleischstücke etwas festdrücken.

7 Heißen Bratensaft nochmals durch ein feines Sieb gießen und über die Rillettes gießen.

8 Wenn die Fleischstücke nicht vollständig vom Bratensaft bedeckt sind, noch etwas Schmalz erhitzen, bis es flüssig wird. So viel Schmalz in die Gläser gießen, bis die Fleischstücke vollständig bedeckt sind.

9 Rillettes abkühlen lassen und verschließen. Solange die Rillettes von der Schmalzschicht bedeckt sind, halten sie sich im Kühlschrank einige Wochen.

RILLETTES, EINGEKOCHT

➳ Das gebratene Fleisch in die vorbereiteten Gläser füllen. Den heißen, durchgesiebten Bratensaft darübergießen. Dabei darauf achten, dass die Gläser nur zu zwei Dritteln gefüllt sind. Gläser verschließen und die Rillettes bei 100 °C 1 Stunde nach der Methode Ihrer Wahl pasteurisieren. Gläser abkühlen lassen. Rillettes bei 2-6 °C dunkel lagern.

MAROKKANISCHE BRATWURST

**ZUTATEN FÜR
3 GLÄSER À 250 ML**

500 g Hackfleisch vom Lamm
500 g Hackfleisch vom Rind
2 EL Olivenöl
200 g Zwiebeln, fein gehackt
2 Knoblauchzehen, fein gehackt
2 TL frischer Ingwer, fein gehackt
1 TL Bio-Zitronenschale, fein gehackt
19 g Meersalz

Gewürzmischung
5 Pimentkörner
1½ TL Kreuzkümmel
1½ TL Koriandersamen
1½ TL Fenchelsamen
1 TL Kubebenpfeffer (oder schwarzer Pfeffer)
Samen aus 4 Kardamomkapseln
1 TL edelsüßes Paprikapulver
½ TL scharfes Paprikapulver
½ TL Zimt, gemahlen
½ TL Kurkuma (Gelbwurz), gemahlen
Muskat

1 Während Sie die Zutaten vorbereiten, das Fleisch kalt stellen.

2 Öl in einer beschichteten Pfanne erhitzen. Zwiebeln und Knoblauch darin bei milder Hitze weich und glasig dünsten, aus der Pfanne nehmen, abkühlen lassen und noch feiner hacken.

3 Piment, Kreuzkümmel, Koriander, Fenchel, Kubebenpfeffer und Kardamom in einer trockenen Pfanne einen Moment unter Rühren rösten, bis ein angenehmer Duft aufsteigt. Alles im Mörser fein zerstoßen, mit scharfem und edelsüßem Paprikapulver, Zimt, Kurkuma und Muskat vermischen.

4 Hackfleisch, Zwiebeln, Knoblauch, Ingwer, Zitronenschale, Salz und die Gewürzmischung zuerst mit einem Rührlöffel gut vermischen. Dann mit kalt abgespülten Händen kräftig zu einem geschmeidigen Teig verkneten.

5 Wurstbrät in die vorbereiteten Gläser füllen, dabei darauf achten, dass keine Luftpolster entstehen. Die Gläser nur zu zwei Dritteln füllen und verschließen.

6 Bratwurst bei 100 °C in 120 Minuten nach der Methode Ihrer Wahl sterilisieren. Gläser aus dem Topf nehmen, abkühlen lassen und bei 2–6 °C dunkel lagern.

BRATWURST, SAUCE INKLUSIVE

Durch das Einkochen bildet sich im Glas auch etwas aromatisches Fleischgelee. Erhitzt ergibt dieses eine prima Sauce.

➻ Bratwurst aus dem Glas nehmen, dabei das Fleischsaft-Gelee im Glas lassen. Wurst in dünne Scheiben schneiden. Eine beschichtete Pfanne dünn mit Öl ausstreichen. Wurst darin auf beiden Seiten knusprig braten. Fleischsaft-Gelee in die Pfanne geben, kurz erhitzen. Marokkanische Wurst mit der Sauce anrichten. Sehr gut schmecken dazu ein Tomatensalat mit Petersilie, Minze und Knoblauch, das Gewürzketchup (S. 106) und Chilisauce (S. 113)

BOLLITO MISTO

ZUTATEN FÜR
8 GLÄSER À 750 ML

500 g Suppenknochen
3 l Wasser
11 g Salz
1 kg gutes Rindfleisch zum Kochen (Tafelspitz)
2 Zwiebeln, geviertelt
3 Lorbeerblätter
6 Pimentkörner
2 Muskatblüten
½ TL schwarze Pfefferkörner
2 Hühnerkeulen mit Knochen und Haut (ca. 500 g)
2 Hühnerbrüste mit Knochen und Haut (ca. 1 kg)
1 Bund Petersilie
3 Zweige Liebstöckel
300 g Karotten, dicke Stifte
200 g Petersilienwurzel, dicke Stifte
300 g Bleichsellerie, dicke Stifte
150 g Lauch, große Stücke, längs halbiert

1 Suppenknochen mit 3 l Wasser zum Kochen bringen. Schaum abschöpfen. Salz, Rindfleisch, Zwiebeln, Lorbeer, Piment, Muskat und Pfeffer dazugeben. Rindfleisch zugedeckt 75 Minuten köcheln lassen, dabei den Schaum immer wieder abschöpfen.

2 Hühnerteile, Petersilie, Liebstöckel, die Hälfte der Karotten, der Petersilienwurzel und der Bleichsellerie sowie den gesamten Lauch dazugeben. Bollito misto zugedeckt 45 Minuten köcheln lassen.

3 Knochen, Fleisch und Gemüse aus der Brühe nehmen. Ein Sieb mit einem Küchenhandtuch auslegen. Sieb über einen großen Topf hängen. Brühe durch das Sieb abgießen.

4 Brühe nochmals zum Kochen bringen, restliche Karotten, Petersilienwurzel und Bleichsellerie dazugeben, 5 Minuten köcheln. Brühe mit Salz und Pfeffer abschmecken.

5 Rindfleisch in 8 große Stücke schneiden. Hühnerfleisch von der Haut befreien, von den Knochen lösen, in große Stücke schneiden.

6 Rind- sowie Hühnerfleisch und frisch gekochtes Gemüse auf die vorbereiteten Gläser verteilen. Brühe nochmals zum Kochen bringen. Gläser bis 3 cm unter den Rand mit Brühe auffüllen, verschließen und bei 90 °C für 90 Minuten nach der Methode Ihrer Wahl pasteurisieren.

7 Beim Aufwärmen zuerst nur die Brühe aufkochen. Topf vom Herd nehmen. Fleisch und Gemüse dazugeben und kurz erwärmen. Eventuell den Topf nochmals auf den Herd stellen, aber das Fleisch nicht mehr kochen.

ZWEI GÄNGE AUS EINEM GLAS

Beim Bollito misto, dieser italienischen Leibspeise, wird zuerst »nur« die Brühe serviert, bestreut mit frischen Kräutern. Als Hauptgang kommt das Fleisch auf den Tisch. Dazu schmeckt Salsa verde und/oder Apfel-Basilikum-Senf (S. 108), Kirschenchutney (S. 110), gedämpfte Kartoffeln oder Weißbrot.

➸ Für die Salsa verde 6 EL gehackte Petersilie, 1 EL gehackte Kapern, 1 gehackte Knoblauchzehe, 3 gehackte Sardellenfilets, 1 EL Semmelbrösel, 1½ EL Essig und die abgeriebene Schale von ¼ Bio-Zitrone vermischen. Wie bei einer Mayonnaise 70 ml Olivenöl nach und nach unterrühren. Salsa verde mit Salz und Pfeffer abschmecken.

WIENER SAFTGULASCH

ZUTATEN
FÜR 4 GLÄSER À 500 ML

600 g Rindfleisch aus der Schulter, kleine Stücke (3 x 3 x 2 cm)
3 EL Öl
600 g Zwiebeln, fein gehackt
15 g edelsüßes Paprikapulver
½ TL scharfes Paprikapulver
1 TL Essig
70 ml Wasser
Salz
2 Knoblauchzehen, fein gehackt
1 TL Kümmel, zerstoßen
½ TL Fenchelsamen, zerstoßen
½ TL getrockneter Thymian
500 ml Gemüsebrühe

1 Fleisch bis zur Verwendung kalt stellen.

2 In einem beschichteten oder gusseisernen Topf das Öl erhitzen. Zwiebeln darin bei milder Hitze sehr weich und glasig dünsten, dabei ab und zu umrühren (dauert ca. 20 Minuten).

3 Edelsüßes und scharfes Paprikapulver mit den Zwiebeln vermischen. Nur einen Moment unter Rühren erhitzen, sonst wird das Paprikapulver bitter. Essig und Wasser verrühren, unter die Zwiebeln mischen. Fleisch unterrühren, mit Salz würzen.

4 Knoblauch, Kümmel, Fenchel und Thymian untermischen. Das Fleisch zugedeckt bei milder Hitze 40 Minuten im eigenen Saft dünsten, dabei ab und zu umrühren. Beim Dünsten bildet sich reichlich Fleischsaft. (Ein perfektes Gulasch darf nicht stark gekocht werden!)

5 Gemüsebrühe angießen. Damit die Sauce bindet, Gulasch 5 Minuten köcheln lassen, dabei ab und zu umrühren.

6 Heißes Gulasch in die vorbereiteten Gläser füllen. Gläser nur zu zwei Dritteln füllen und verschließen. Gulasch bei 100 °C in 120 Minuten nach der Methode Ihrer Wahl sterilisieren. Gläser abkühlen lassen. Gulasch bei 2–6 °C dunkel lagern.

JEDE MENGE EDELSÜSSES PAPRIKAPULVER
Im original Wiener Saftgulasch steckt eine ordentliche Portion edelsüßes Paprikapulver, unterstützt wird dieses von einem Hauch scharfem Paprika. Nur so bekommt das Gulasch seine typisch rote Farbe und den unvergleichlich runden Geschmack.

ZUM MITNEHMEN UND AUFWÄRMEN
Ins Büro oder zum Camping: Gulasch ist ideal zum Mitnehmen und Aufwärmen. Wenn die Sauce zu dick ist, eventuell wenig Wasser oder Gemüsebrühe unterrühren.

TAKE AWAY

RINDFLEISCHCURRY
mit cremiger Sauce

**ZUTATEN FÜR
5 GLÄSER À 500 ML**

4 EL Öl
800 g Rindfleisch aus der Schulter, kleine Stücke (3 x 3 x 2 cm)
Salz
200 g Zwiebeln, fein gehackt
4 Knoblauchzehen, fein gehackt
2 TL frischer Ingwer, fein gehackt
2 TL Currypulver
700 ml Gemüsebrühe

Zum Verfeinern
2 TL Speisestärke
200 g Crème fraîche
4 TL Zitronensaft

1 2 EL Öl in einem beschichteten oder gusseisernen Topf erhitzen. Rindfleisch darin unter Rühren in zwei Tranchen kurz anbraten. Rindfleisch aus dem Topf nehmen, mit Salz würzen.

2 Restliches Öl in den Topf geben. Zwiebeln darin bei milder Hitze langsam weich und glasig dünsten.

3 Knoblauch, Ingwer und Currypulver untermischen, alles unter Rühren einen Moment anrösten, mit Gemüsebrühe aufgießen und zum Kochen bringen. Rindfleisch in die Flüssigkeit geben und bei milder Hitze 30 Minuten zugedeckt sanft köcheln lassen. Rindfleischcurry mit Salz abschmecken.

4 Fleisch auf die vorbereiteten Gläser verteilen. Gläser mit der heißen Garflüssigkeit auffüllen. Die Gläser nur zu zwei Dritteln füllen, verschließen und bei 100 °C in 120 Minuten nach der Methode Ihrer Wahl sterilisieren. Gläser abkühlen lassen und bei 2–6 °C dunkel lagern.

5 Cremig gebunden wird die Sauce erst nach dem Öffnen der Gläser. Dafür pro Glas ½ TL Speisestärke mit 3 EL kaltem Wasser glatt rühren. Rindfleischcurry unter Rühren zum Kochen bringen. Aufgelöste Speisestärke untermischen und pro Glas 50 g Crème fraîche unterrühren. Unter Rühren köcheln lassen, bis die Sauce bindet. Rindfleischcurry mit 1 TL Zitronensaft und Salz abschmecken.

CURRYMISCHUNG, SELBST KOMPONIERT

➸ ½ TL Bockshornklee, ½ TL Kreuzkümmel, ½ TL Koriandersamen, 5 Pimentkörner, Samen aus 5 Kardamomkapseln erst kurz vor dem Kochen im Mörser zerstoßen. Mit ¼ TL gemahlenem Zimt und ½ TL gemahlenem Kurkuma vermischen.

SAUCE BOLOGNESE

ZUTATEN FÜR
6 GLÄSER À 500 ML

600 g Hackfleisch vom Rind
4 EL Olivenöl
200 g Zwiebeln, fein gehackt
4 Knoblauchzehen, fein gehackt
100 g Karotten, sehr kleine Würfel
50 g Sellerie, sehr kleine Würfel
Salz, Pfeffer
800 g passierte Tomaten (Dose oder Tetra Pack)
400 g geschälte Tomaten in Stücken (Dose oder Tetra Pack)
1½ TL getrockneter Oregano
1½ TL getrocknetes Basilikum
1 TL getrockneter Thymian
2 Lorbeerblätter
100 ml Rotwein

1 Rindfleisch bis zur Verarbeitung kalt stellen.

2 Öl in einem beschichteten oder gusseisernen Topf erhitzen. Zwiebeln darin bei milder Hitze weich und glasig dünsten. Knoblauch, Karotten und Sellerie dazugeben, unter Rühren kurz anbraten.

3 Fleisch untermischen, unter Rühren anbraten, mit Salz und Pfeffer würzen.

4 Passierte Tomaten und Tomatenstücke untermischen, mit Oregano, Basilikum, Thymian und Lorbeer würzen. Bolognese 20 Minuten zugedeckt köcheln lassen.

5 Rotwein angießen, Bolognese noch 10 Minuten köcheln lassen, mit Salz, Pfeffer, Oregano, Thymian und Basilikum abschmecken. Lorbeerblätter entfernen.

6 Bolognese in die vorbereiteten Gläser füllen. Gläser dabei nur zu zwei Dritteln füllen und verschließen, Bolognese bei 100 °C in 90 Minuten nach der Methode Ihrer Wahl sterilisieren. Gläser abkühlen lassen und bei 2–6 °C dunkel lagern.

SAUCE MIT VIELEN VARIANTEN

Appetit auf cremigen Saucengenuss?
➻ Dann einfach ein paar Löffelchen Crème fraîche oder Sahne in die Bolognese rühren. Klein gehackte Oliven und Kapern untermischen, so wird die Pastasauce besonders herzhaft. Wer es scharf mag, würzt die Bolognese mit feurigen Chilischoten, und wenn das Basilikum wieder einmal üppig im Garten wuchert, wird es fein geschnitten und sehr großzügig über die Spaghetti mit »roter Sauce« gestreut.

OBST IM GLAS

HOW TO DO!

WICHTIGES AUF EINEN BLICK

QUALITÄT IST TRUMPF

Verwenden Sie ausschließlich frische und reife Ausgangsprodukte zum Einkochen, unreifes Obst oder Früchte minderer Qualität werden durch den Kochvorgang nicht besser.

NATÜRLICHE GELIERMITTEL

Für die Marmeladen in diesem Buch wurde ausschließlich Gelierzucker 3:1 verwendet. Es gibt aber auch andere Möglichkeiten: Pektin, Agar-Agar oder Johannisbrotkernmehl.

GUT VERTEILT

Wenn Sie Gelees einkochen, in denen sich essbare Blüten befinden, können Sie die Gläser auf den Kopf stellen, um eine optisch ansprechende Verteilung der Blüten im Glas zu erreichen. Dieser Vorgang eignet sich aber nicht dazu, Füllgut haltbarer oder gar die Deckelinnenseite „steriler" zu machen.

LAGERUNG DER KONSERVEN UND FLASCHEN

Am besten eignet sich ein dunkler, kühler, trockener Raum. Nicht jeder hat einen geeigneten Keller oder Lagerraum. Für kleine Mengen und in Wohnungen können Sie Ihre Köstlichkeiten im Kleiderschrank Ihres ungeheizten Schlafzimmers aufbewahren. Es lohnt sich, dafür ein wenig Platz zu machen!

➛ Tiefgefrorene oder bereits pürierte Früchte können ebenfalls zu Marmelade verarbeitet werden. Die Früchte beim Auftauen nicht zu lange offen stehen lassen und die Gelierhilfe erst kurz vor dem Aufkochen untermischen. Das Aufkochen sollte nicht länger als max. 3-5 Minuten dauern.

➛ GELIERPROBE:
Nehmen Sie einen kleinen Löffel heiße Marmelade, lassen Sie einen Tropfen davon auf einen kalten Teller fallen. Wird der Tropfen sofort fest und zieht sich zusammen, dann ist die Marmelade perfekt. Wenn der Tropfen flüssig bleibt, die Marmelade noch ein wenig kochen lassen!

➛ Zu flüssige Marmelade können Sie nochmals aufkochen und zusätzliches Geliermittel untermischen. Zu lange Kochzeit verringert allerdings den Geschmack und das noch enthaltene Pektin der Früchte wird zerstört. Die Marmelade nimmt unter Umständen eher zähe Konsistenz an.

FRÜHLINGS-MARMELADE
mit Rhabarber & Zitronenmelisse

ZUTATEN FÜR 9 GLÄSER À 270 ML
ca. 1800 g Rhabarber
100 ml Zitronenmelissensirup
500 g Gelierzucker 3:1

1 Harte Rhabarberenden abschneiden, die zähe Haut sorgfältig abziehen. Rhabarber in kleine Stücke schneiden (Sie brauchen ca. 1500 g).

2 In einem Kochtopf die Rhabarberstücke mit Sirup und Gelierzucker im kalten Zustand vermengen.

3 Unter ständigem Rühren aufkochen und einige Minuten kochen lassen, bis der Rhabarber komplett zerfällt.

3 Gelierprobe machen (S. 161). Sollte die Probe nicht fest werden, die Marmelade nochmals unter Rühren kurz kochen und die Gelierprobe wiederholen.

4 Kochend heiße Marmelade in die vorbereiteten Gläser füllen und die Gläser verschließen.

HIMBEER-BANANEN-MARMELADE
mit Vanille

ZUTATEN FÜR 9 GLÄSER À 270 ML
300 g Bananen, Stücke
1200 g Himbeeren (frisch oder tiefgekühlt)
500 g Gelierzucker 3:1
3 Vanilleschoten, Mark ausgekratzt

1 Bananen mit der Gabel fein zerdrücken.

2 In einem Topf Bananen, Himbeeren, Gelierzucker und Vanillemark im kalten Zustand verrühren.

3 Masse unter ständigem Rühren aufkochen und ca. 4–5 Minuten unter Rühren kochen lassen.

4 Gelierprobe machen (S. 161). Sollte die Probe nicht fest werden, die Marmelade nochmals unter Rühren kurz kochen und die Gelierprobe wiederholen.

5 Kochend heiße Marmelade in die vorbereiteten Gläser füllen und die Gläser verschließen.

WUCHTIG FRUCHTIG!

GRAPEFRUITMARMELADE

ZUTATEN FÜR
CA. 8 GLÄSER À 250 ML
4 rosa Bio-Grapefruits (ca. 1 kg)
1500 ml Wasser
800 g Gelierzucker 1:3

1 Grapefruits gut waschen. Stielansatz und Boden der Grapefruits abschneiden. Grapefruits jeweils zuerst in 8 Spalten, dann in 1 mm dünne Scheibchen schneiden. Dabei eventuell vorhandene Grapefruitkerne entfernen.

2 In einer großen Schüssel die Grapefruits mit 1,5 l Wasser vermischen und zugedeckt 1 Tag kalt stellen.

3 Grapefruits mit der Einweichflüssigkeit in einem großen Topf zum Kochen bringen und 1 Stunde leicht köcheln lassen. Alles abkühlen lassen und nochmals einen Tag kalt stellen.

4 Gelierzucker mit den Grapefruits und der Einweichflüssigkeit vermischen. Die Fruchtmasse zum Kochen bringen und 1 Stunde leicht köcheln lassen. Dabei ab und zu umrühren

5 Gelierprobe machen (S. 161). Sollte die Probe nicht fest werden, die Marmelade nochmals unter Rühren kurz kochen und die Gelierprobe wiederholen.

6 Kochend heiße Marmelade in die vorbereiteten Gläser füllen und die Gläser verschließen.

ANGENEHM BITTER
Anfangs schmeckt der Marmelade-Ansatz sehr bitter. Durch das lange Wässern wird die Bitterkeit gemildert, darum diesen Prozess bitte nicht abkürzen! Die fertige Grapefruitmarmelade hat den angenehm bitteren Geschmack, den wir auch bei Orangenmarmelade so schätzen.
➸ Nach diesem Rezept können Sie auch Orangen-, Bergamotte- oder Mandarinenmarmelade einkochen. Dafür ausschließlich Bio-Früchte verwenden.

PREISELBEER-THYMIAN-GELEE

ZUTATEN FÜR 6 GLÄSER À 212 ML
1300 ml Preiselbeer-Muttersaft (Direktsaft)
500 g Gelierzucker 3:1
¼ TL getrockneter Thymian

1 Saft mit Gelierzucker und Thymian verrühren und unter ständigem Rühren aufkochen.

2 Ca. 7–9 Minuten sprudelnd kochen lassen, dann eine Gelierprobe machen (S. 161). Sollte die Probe nicht fest werden, die Marmelade nochmals unter Rühren kurz kochen und die Gelierprobe wiederholen.

3 Kochend heißes Gelee in Gläser füllen und die Gläser verschließen.

PREISELBEER-MUTTERSAFT
gibt es in Drogeriemärkten und Reformhäusern, Bioläden und in größeren Supermärkten. Das Gelee passt zu Fleisch/Wild, Käse und aufs Butterbrot.

PFIRSICH-MARMELADE
mit Rosmarin

ZUTATEN FÜR 7 GLÄSER À 212 ML
1500 g reife weißfleischige Pfirsiche, enthäutet und entkernt
500 g Gelierzucker 3:1
6 TL getrockneter Rosmarin
Saft von ½ Zitrone

1 Pfirsichfleisch in kleine Stücke schneiden und pürieren.

2 Kaltes Pfirsichpüree mit Gelierzucker, Rosmarin und Zitronensaft vermischen und unter Rühren aufkochen.

3 3–5 Minuten köcheln lassen und eine Gelierprobe machen (S. 161). Sollte die Probe nicht fest werden, die Marmelade nochmals unter Rühren kurz kochen und die Gelierprobe wiederholen.

4 Kochend heiße Marmelade in die vorbereiteten Gläser füllen und die Gläser verschließen.

NIE WIEDER MEHLIGE PFIRSICHE
Unreife Pfirsiche enthalten viel Pektin, das während der Reife enzymatisch abgebaut wird. Werden nicht ausgereifte Pfirsiche im Kühlschrank gelagert, so werden die Enzyme in ihrer Tätigkeit gehemmt, und der Pektinabbau kann nicht stattfinden. Der Pfirsich wird mehlig. Kaufen Sie daher reife Pfirsiche oder lassen Sie sie bei Raumtemperatur nachreifen.

BROMBEER-MARMELADE
mit dunkler Schokolade

ZUTATEN FÜR 7 GLÄSER À 212 ML
1500 g Brombeeren
500 g Gelierzucker 3:1
60 g dunkle Schokolade (85 % Kakaoanteil)
1½ Vanilleschoten
6 EL Brombeerlikör

1 Brombeeren pürieren und mit dem Gelierzucker vermischen.

2 Schokolade fein reiben. Vanilleschoten der Länge nach aufschneiden und das Mark mit einem Messer herauskratzen.

3 Brombeer-Gelierzucker-Mischung mit Vanillemark vermischen, in einem Topf unter ständigem Rühren aufkochen und ca. 4–5 Minuten unter Rühren kochen lassen. Schokolade und Likör hinzufügen.

4 Gelierprobe machen (S. 161). Sollte die Probe nicht fest werden, die Marmelade nochmals unter Rühren kurz kochen und die Gelierprobe wiederholen.

5 Kochend heiße Marmelade in die vorbereiteten Gläser füllen und die Gläser verschließen.

KERNLOS
Wer keine Kerne mag, kann die pürierten Beeren durch ein Sieb oder durch die Flotte Lotte passieren.

BIRNEN MARMELADE
mit Marzipan und Zimt

ZUTATEN FÜR 7 GLÄSER À 212 ML
1500 g Birnen, geschält und entkernt
150 g Marzipan
500 g Gelierzucker 3:1
60 ml Birnensaft, naturtrüb
½ TL Zimtpulver

1 Birnen in kleine Stücke schneiden. Das Marzipan fein hacken.

2 Birnen und Marzipan in einen Kochtopf geben und im kalten Zustand mit dem Gelierzucker und dem Birnensaft verrühren.

3 Unter ständigem Rühren aufkochen lassen und einige Minuten kochen lassen, bis die Birnen weich sind. Zimt hinzufügen und die Birnen mit einem Mixstab fein pürieren.

4 Nochmals kurz aufkochen und eine Gelierprobe machen (S. 161). Sollte die Probe nicht fest werden, die Marmelade nochmals unter Rühren kurz kochen und die Gelierprobe wiederholen.

5 Kochend heiße Marmelade in die vorbereiteten Gläser füllen und die Gläser verschließen.

SCHALENLOS
Besonders dünnschalige Birnensorten müssen nicht geschält werden.

APRIKOSENMARMELADE
mit Kardamom und Orangenschale

ZUTATEN FÜR
7 GLÄSER À 314 ML
1 große Bio-Orange
1500 g Aprikosen, Stücke
500 g Gelierzucker 3:1
2½ TL frischer Ingwer, fein gehackt
Samen aus 15 Kardamomkapseln, zerstoßen

1 Schale der Orange mit einem scharfen Messer so dünn wie möglich abschälen und in sehr feine Streifen schneiden.

2 In einem kleinen Topf Wasser aufkochen, die Orangenschale dazugeben und 10 Minuten zugedeckt köcheln lassen. Abgießen und abtropfen lassen.

3 Aprikosen, Gelierzucker, Ingwer und Kardamom in einem Topf verrühren. Die Masse unter ständigem Rühren aufkochen und ca. 3 Minuten unter Rühren kochen lassen. Alles mit dem Stabmixer fein pürieren.

4 Orangenschale untermischen. Marmelade noch 2 Minuten kochen lassen.

5 Gelierprobe machen (S. 161). Sollte die Probe nicht fest werden, die Marmelade nochmals unter Rühren kurz kochen und die Gelierprobe wiederholen.

6 Kochend heiße Marmelade in die vorbereiteten Gläser füllen und die Gläser verschließen.

DIE VIELSEITIGE
Aprikosenmarmelade schmeckt nicht nur aufs Brot, sondern eignet sich auch hervorragend zum Füllen einer Sachertorte, einer Roulade oder von Pfannkuchen.

EXOTISCH!
HEIMISCH!

QUITTEN-APFEL-MUS
mit Gewürztraminer & Rosenwasser

**ZUTATEN FÜR
5 GLÄSER À 290 ML**

250 ml Gewürztraminer
800 g Quitten, geschält und entkernt
(ca. 1200 g Rohgewicht)
150 g Apfel, geschält und entkernt
40 g Zucker
1 kleine Bio-Zitrone, Schale abgerieben
2 TL Rosenwasser

1 Den Wein in einen Kochtopf gießen.

2 Quitten und Äpfel sofort nach dem Schälen in kleine Stücke schneiden mit dem Wein vermengen. Das verhindert ein Braunwerden der Früchte.

3 Zucker hinzufügen, die Früchte aufkochen und so lange kochen lassen, bis die Quitten sehr weich sind.

4 Zitronenschale und Rosenwasser am Ende des Kochvorganges hinzufügen. Alles fein pürieren.

5 Quitten-Apfel-Mus in die vorbereiteten Gläser füllen, dabei 2–3 cm vom oberen Rand frei lassen und verschließen. Nach der Methode Ihrer Wahl bei 80 °C für 30 Minuten pasteurisieren.

GEWÜRZTRAMINER
Der fruchtige Weißwein hat ein Rosenaroma und passt aus diesem Grund hervorragend!

BRATAPFELMUS
mit Trockenfrüchten und Gewürzen

ZUTATEN FÜR
4 GLÄSER À 300 ML
1000 g säuerliche Äpfel (z.B. Braeburn)
200 ml Apfel- oder Birnen-Direktsaft
50 g getrocknete Feigen, kleine Stücke
50 g getrocknete Aprikosen, kleine Stücke
¼ TL Zimt, gemahlen
2 Prisen Gewürznelken, gemahlen

1 Backofen auf 180 °C Heißluft vorheizen.

2 Die Kerngehäuse der Äpfel mit einem Apfelausstecher oder Messer entfernen, die Äpfel aber nicht schälen.

3 Fruchtsaft in eine ofenfeste Form gießen, die Äpfel und Trockenfrüchte hineingeben. Die Trockenfrüchte sollten vom Saft bedeckt sein.

4 Äpfel im vorgeheizten Ofen ca. 30 Minuten backen und aus dem Ofen nehmen.

5 Die Äpfel von der Schale befreien. Das geht am besten, indem man die Früchte aufschneidet und das Fruchtfleisch mit einem Löffel herausschabt.

6 Apfelfruchtfleisch, das nun weiche Trockenobst und die gesamte Flüssigkeit gemeinsam mit den Gewürzen pürieren. Durch die Trockenfrüchte wird das Mus dunkler.

7 Bratapfelmus in vorbereitete Gläser füllen, dabei 2–3 cm vom oberen Rand frei lassen und verschließen. Nach der Methode Ihrer Wahl bei 80 °C für 30 Minuten pasteurisieren.

OHNE EXTRA-ZUCKER
Das Mus ist durch die Trockenfrüchte angenehm süß und braucht keine weiteren Süßungsmittel!

KIRSCHEN-KOMPOTT
mit Kirschwasser

ZUTATEN FÜR 3 GLÄSER À 750 ML
1200 g süße Kirschen mit Stein
Sud
800 ml Wasser
120 g Zucker
100 ml Kirschwasser

1 Für den Sud das Wasser mit dem Zucker in einem Topf verrühren, aufkochen, vom Herd nehmen und das Kirschwasser unterrühren.

2 Kirschen dicht in die vorbreiteten Gläser schichten, dabei die Kirschen etwas ins Glas drücken.

3 Gläser mit dem Sud auffüllen, dabei einen Rand von 2 cm frei lassen. Gläser verschließen.

4 Kirschenkompott nach der Methode Ihrer Wahl bei 90 °C für 30 Minuten pasteurisieren.

SCHNELLES DESSERT
Kirschenkompott portionsweise mit etwas Garflüssigkeit in kleinen Gläsern anrichten, obenauf eine Kugel Vanilleeis geben.

APRIKOSEN-KOMPOTT
mit Orange und Estragon

ZUTATEN FÜR 2 GLÄSER À 750 ML
Saft von 1 Orange
750 ml Wasser
150 g Zucker
2-3 Zweige französischer Estragon
1 kg Aprikosen, entsteint, halbiert
Außerdem
1 Teefilter

1 In einem Topf den Orangensaft mit Wasser und Zucker verrühren und zum Kochen bringen.

2 Den ganzen Estragonzweig in den Teefilter füllen – so lässt er sich später problemlos entfernen. Der Estragon muss nicht gehackt werden, er gibt auch so sein Aroma ab! Estragon in den Sud geben und wenige Minuten bei niedriger Hitze köcheln lassen. Den Estragon-Teefilter wieder entfernen. Aprikosen in den Sud geben und 3 Minuten köcheln.

3 Die Aprikosen vorsichtig in Gläser schichten und mit dem Sud bedecken. Gläser verschließen und nach der Methode Ihrer Wahl bei 80 °C für 25 Minuten pasteurisieren.

FOOD PAIRING
Estragon ist das Küchenkraut, das sich aufgrund seiner Aromen am besten mit Aprikose verträgt.

FRANZÖSISCHER ESTRAGON
Französischer Estragon enthält die Aromastoffe Estragol und Anethol, wobei Estragol an Kerbel und Basilikum erinnert, Anethol hingegen an Fenchel und Anis. Russischer Estragon ist holzig, harzig und nicht mit französischem Estragon vergleichbar.

SATURNPFIRSICHKOMPOTT
mit Zitronengras und Limetten

ZUTATEN FÜR 3 GLÄSER À 750 ML
2 kg reife Saturnpfirsiche, nicht zu weich
Sud
3 Bio-Limetten
4 Stangen frisches Zitronengras
850 ml Wasser
125 g Zucker
3 EL Limettensaft

1 Für den Sud Limettenschale mit einem scharfen Messer abschneiden, in feine Streifen schneiden. Wasser aufkochen, Limettenschale dazugeben, 5 Minuten köcheln, abgießen und abtropfen lassen. Zitronengras längs halbieren, in kleine Stücke schneiden.

2 850 ml Wasser mit Limettenschalen, Zitronengras und Zucker aufkochen, vom Herd nehmen und zugedeckt 10 Minuten ziehen lassen. Sud durch ein Sieb abgießen. Limettensaft untermischen. Sud abkühlen lassen.

3 Reichlich Wasser zum Kochen bringen. Pfirsiche einzeln ca. 20 Sekunden ins kochende Wasser legen, mit dem Schaumlöffel aus dem Topf heben und abtropfen lassen. Haut abziehen. Pfirsichkerne ausstechen (das gelingt ganz leicht mit einem Apfelausstecher oder Zitronensaftausgießer). Pfirsiche gleich in den Sud legen, so verfärben sie sich nicht.

4 Pfirsiche aus dem Sud nehmen, in die vorbereiteten Gläser schichten. Mit dem Sud übergießen, dabei einen Rand von 2 cm frei lassen. Gläser verschließen. Pfirsich-Kompott nach der Methode Ihrer Wahl bei 90 °C für 30 Minuten pasteurisieren.

BIRNENKOMPOTT
mit Cassis

ZUTATEN FÜR 6–7 GLÄSER À 750 ML
3 kg Birnen
Saft von 4 Zitronen
Für den Sud
2500 ml Wasser
500 g Zucker
2 TL Zimtblüten (oder 2 Zimtstangen)
200 g schwarze Johannisbeeren, entstielt
2 EL Zitronensaft

1 Birnen schälen, halbieren, Kerngehäuse entfernen (am einfachsten geht das mit einem Melonenkugelausstecher). Stielansatz entfernen. Birnenhälften sofort in eine Mischung aus kaltem Wasser und Zitronensaft legen, sonst werden sie braun.

2 In einem Topf 2,5 l Wasser mit Zucker und Zimt aufkochen, vom Herd nehmen und 20 Minuten ziehen lassen.

3 Johannisbeeren mit dem Mixstab fein pürieren. Johannisbeeren und Zitronensaft mit der Zimt-Zucker-Lösung vermischen. Alles durch in feines Sieb abgießen, damit der Sud vollkommen klar wird. In einem zweitem Schritt das Sieb mit einem Küchentuch auslegen und den Sud nochmals durchseihen.

4 Birnen in die vorbereiteten Gläser schichten, mit dem Cassis-Sud auffüllen, dabei einen Rand von 2 cm frei lassen. Gläser verschließen. Birnenkompott nach der Methode Ihrer Wahl bei 90 °C für 30 Minuten pasteurisieren.

ZIMTBLÜTEN
Zimtblüten vom Cassia-Zimtbaum sind keine Blüten, sondern Fruchtknoten, die nach der Blüte geerntet werden.

BROT & KUCHEN AUS DEM BACKOFEN

WICHTIGES
AUF EINEN BLICK

BROT IM GLAS

unbedingt im konischen Sturzglas backen. Niemand möchte sein Brot aus dem Glas „löffeln“, weil es im gebackenen Zustand nicht durch die Mündung passt. Die Ausgangsprodukte wie Mehl, Wasser, Milch und auch die Konservengläser sollten annähernd gleiche Temperatur haben, damit der Brotteig wirklich gut gelingt.

➵ Gläser gut mit flüssiger Butter oder Öl ausstreichen!

➵ Knusprig wird Brot aus dem Glas, wenn Sie es nach dem Öffnen toasten oder aufbacken.

EIN DRITTEL REICHT

Kuchenteig mit Eiern oder Hefe geht beim Backen stark auf. Die Gläser daher nur bis zu einem Drittel oder bis zur Hälfte mit Teig füllen.

BESSER NICHT

Frische Früchte eigenen sich nicht für Kuchen im Glas. Sie weichen den Kuchen bei der Lagerung auf.

GLASMÜNDUNGEN

sollten sauber und frei von Teigresten sein. Achten Sie bereits vor dem Backen darauf!

DIE DECKEL

sollten unmittelbar nach dem Backen auf die heißen Gläser mit dem gebackenen Kuchen gesetzt werden.

➵ Glasdeckel sind besonders geeignet, denn sie können bereits vor dem Backen mit Klammern auf die Gläser gesetzt werden. Die Klammern sorgen dafür, dass der Wasserdampf während des Backvorgangs entweichen kann.

KLEINE GESCHENKE ERHALTEN DIE FREUNDSCHAFT

Kleine Geschenke in Form von Kuchen ganz besonders. Überraschen Sie Ihre Freunde und Freundinnen mit Kuchen im Glas!

IDEAL FÜR SINGLE-HAUSHALTE

Kleine Kuchen im Glas versüßen das Leben – portionsweise und wann immer es notwendig ist!

HOW ★ TO ★ DO ★

BROT
mit Oliven, Tomaten und Rosmarin

ZUTATEN FÜR
5 GLÄSER À 500 ML

250 g Weizenmehl
250 g feines Weizenvollkornmehl
1 gestrichener TL Salz
1 TL Zucker
1 Päckchen Trockenhefe
2 EL Olivenöl
250-300 ml lauwarmes Wasser
50 g getrocknete Tomaten, kleine Stücke
20 g grüne Oliven, entkernt, kleine Stücke
20 g schwarze Oliven, entkernt, kleine Stücke
1 TL getrockneter Rosmarin, gehackt

<u>Außerdem</u>
Olivenöl für die Gläser

1 Mehl, Vollkornmehl, Salz, Zucker, Trockenhefe, Olivenöl und Wasser mit dem Rührlöffel in einer Schüssel vermischen. Getrocknete Tomaten, grüne und schwarze Oliven sowie Rosmarin dazugeben und alles zu einem glatten, geschmeidigen Teig kneten.

2 Teig zugedeckt 90 Minuten gehen lassen. Teig nochmals durchkneten und weitere 30 Minuten gehen lassen.

3 Backofen auf 200 °C Ober-/Unterhitze (Umluft 180 °C) vorheizen. Gläser mit Olivenöl ausstreichen und nur zur Hälfte mit Teig füllen.

4 Brote im Glas im vorgeheizten Ofen ca. 50 Minuten offen backen.

5 Gläser aus dem Ofen nehmen und sofort mit Deckeln verschließen.

4 Brot kurz vor dem Servieren aus dem Glas nehmen, in Scheiben schneiden und toasten.

KNUSPRIG GETOASTET!

SCHOKOKUCHEN
mit Salzpistazien und Melone

ZUTATEN FÜR
8 GLÄSER À 250 ML

5 Eier
250 g Zucker
125 g dunkle Schokolade, fein geraspelt
125 g weiche Butter, kleine Stücke
3 EL Milch
2 TL frischer Ingwer, fein gehackt
30 g geschälte, gesalzene Pistazien, grob gehackt
50 g kandierte Melonen, klein gewürfelt
125 g Mehl
½ TL Backpulver

Außerdem
weiche Butter für die Gläser

1 Backofen auf 180 °C Ober-/Unterhitze (Umluft 160 °C) vorheizen.

2 Eier trennen. Mit dem Handrührgerät Eigelb und Zucker zu hellgelbem Schaum rühren.

3 Schokolade, Butter und Milch dazugeben und alles gut verrühren. Ingwer, Pistazien und Melonen unterrühren.

4 Mehl und Backpulver durchsieben und mit dem Schokoladeteig gut vermischen.

5 Eiweiß zu festem Schnee schlagen und unter den Teig heben.

6 Gläser gut mit Butter ausstreichen und nur bis zu einem Drittel mit Teig füllen. Schokokuchen im Glas im vorgeheizten Ofen 40 Minuten offen backen.

7 Gläser aus dem Ofen nehmen und sofort mit Deckeln verschließen.

GROSSER SCHOKOLADEKUCHEN FÜR DIE KAFFEETAFEL
Statt in kleinen Portionsgläsern können Sie den Schokokuchen auch in 4 Gläsern à 500 ml backen. Auf einen Teller gestürzt werden diese Prachtstücke zur Zierde jeder Kaffeetafel. Allerdings müssen die großen Schokokuchen etwas länger gebacken werden.

GESCHMACKSKONTRASTE
Salzig und süß - Gegensätze im Geschmack sind erwünscht!

WÜRZIGES BANANENBROT
mit Schokolade

ZUTATEN FÜR 8 GLÄSER À 300 ML

4 reife Bananen, Stücke
Saft von 1 Zitrone
½ TL Zimt
Muskat
30 g dunkle Schokolade (70 % Kakaoanteil), fein geraspelt
Schale von 1 Bio-Zitrone, abgerieben
Schale von 1 Bio -Orange, abgerieben
2 TL frischer Ingwer, fein gehackt
100 g weiche Butter, kleine Stücke
3 Päckchen Bourbon-Vanillezucker
40 g Zucker
2 Eier
200 g Weizenvollkornmehl, fein gemahlen
2 TL Backpulver
4 EL feinblättrige Haferflocken

Außerdem
weiche Butter für die Gläser

1 Backofen auf 180 °C Ober-/Unterhitze (Umluft 160 °C) vorheizen.

2 Bananen, Zitronensaft, Zimt und Muskat mit dem Mixstab fein pürieren.

3 Schokolade, Zitronen- und Orangenschale sowie Ingwer mit dem Rührlöffel untermischen.

4 In einer Schüssel Butter, Zucker und Vanillezucker mit dem Handrührgerät schaumig rühren. Eier dazugeben, alles zu hellgelbem Schaum rühren.

5 Mehl und Backpulver durchsieben. Die Hälfte des Mehls und die Hälfte der Bananen-Schoko-Masse und 2 EL Haferflocken vermischen und zur Butter-Zucker-Ei-Mischung geben. Zuerst das restliche Mehl, dann die restliche Bananen-Schoko-Masse und die restlichen Haferflocken unterrühren.

6 Gläser gut mit Butter ausstreichen und nur zur Hälfte mit Teig füllen. Bananenbrot im Glas im vorgeheizten Ofen ca. 45 Minuten offen backen.

7 Gläser aus dem Backofen nehmen und sofort mit Deckeln verschließen.

GENIAL DAZU: VANILLE-ORANGEN-CREME
Fruchtiger Kuchen harmoniert mit einer schnell zubereiteten Creme aus süßer und saurer Sahne.
➸ Dafür 150 ml Sahne mit 2 Päckchen Bourbon-Vanillezucker steif schlagen. 150 g saure Sahne und die abgeriebene Schale von ¼ Bio-Orange untermischen. Bananenbrot mit der Creme servieren.

APRIKOSEN-KOKOS-KUCHEN

**ZUTATEN FÜR
5 GLÄSER À 500 ML**

125 g weiche Butter, kleine Stücke
200 g Zucker
40 g Bourbon-Vanillezucker
5 Eier
500 g Mehl
1 Päckchen Backpulver
220 ml Kokosmilch
Saft von 1 Zitrone
Schale von 1 Bio-Zitrone, abgerieben
1 TL Zimt, gemahlen
Samen aus 8 Kardamomkapseln, zerstoßen
200 g Soft-Aprikosen, klein gewürfelt

Außerdem
weiche Butter für die Gläser

1 Backofen auf 180 °C Ober-/Unterhitze (160 °C Umluft) vorheizen.

2 Butter mit dem Handrührgerät schaumig rühren. Zucker, Vanillezucker und Eier mit dem Handrührgerät unterrühren und alles in ca. 8 Minuten zu hellgelbem Schaum rühren.

3 Mehl und Backpulver durchsieben. Drei Viertel des Mehls unter den Ei-Schaum rühren. Kokosmilch, Zitronensaft, Zitronenschale, Zimt und Kardamom unterrühren. Restliches Mehl untermischen, Aprikosen unterrühren.

4 Gläser mit Butter gut ausstreichen und nur zur Hälfte mit Teig füllen. Kuchen im Glas im vorgeheizten Ofen ca. 45 Minuten offen backen.

5 Gläser aus dem Ofen nehmen und sofort mit Deckeln verschließen.

**NATURBELASSENE
KOKOSMILCH LEICHT ERWÄRMEN**

Bei naturbelassener Kokosmilch, die ohne Emulgatoren im Tetra Pack oder in Dosen abgefüllt wird, setzt sich an der Oberfläche eine feste Schicht Kokosfett ab. Naturbelassene Kokosmilch muss daher vor der Verwendung für den Kuchenteig leicht erwärmt werden (ca. 20 °C), damit das Kokosfett wieder flüssig wird.
➵ Durch Lagerung verstärkt sich das Aroma dieses fruchtig-würzigen Kuchens.

CRANBERRY-BUCHTELN
mit Hanfnüssen

ZUTATEN FÜR 10 FLACHE GLÄSER À 350 ML

40 g getrocknete Cranberrys
4 EL Rum
500 g Mehl
30 g Zucker
20 g frische Hefe
250 ml lauwarmer Sojadrink, ungesüßt (oder Milch)
1 Päckchen Bourbon-Vanillezucker
1 TL Salz
Schale von 1 Bio-Zitrone, abgerieben
125 g weiche Butter, kleine Stücke
2 Eier
50 g Hanfnüsse (oder gehackte Haselnüsse)
Muskat
200 g Preisel- oder Johannisbeermarmelade

Außerdem
Mehl zum Formen der Buchteln
Butter für die Gläser

1 Cranberrys mit Rum vermischen, 30 Minuten quellen lassen, in ein Sieb abgießen, abtropfen lassen und fein hacken.

2 Mehl in eine große Rührschüssel geben, eine kleine Delle ins Mehl drücken.

3 Für den Vorteig (Dampfl) 1 TL Zucker, zerkrümelte Hefe und 4 EL lauwarmen Sojadrink verrühren. Vorteig in die Vertiefung gießen und etwas Mehl darüberstreuen. Vorteig 45 Minuten gehen lassen.

4 Sojadrink, restlichen Zucker, Vanillezucker, Salz, Zitronenschale, Butter, Eier, Hanfnüsse, gehackte Cranberrys und Muskat dazugeben. Mit dem Knethaken des Handrührgeräts oder einem Rührlöffel zu einem geschmeidigen, glatten Teig schlagen.

5 Teig zugedeckt an einem warmem Ort 1½ Stunden gehen lassen.

6 Backofen auf 200 °C Ober-/Unterhitze (Umluft 180 °C) vorheizen.

7 Gläser gut mit Butter ausstreichen.

8 Etwas Mehl auf einem großen Teller verteilen. Mit Esslöffeln aus dem Teig kleine Buchteln abstechen. Buchteln im Mehl wenden und leicht flach drücken. In die Mitte jeder Buchtel 1 TL Marmelade setzen. Teig über der Marmelade zusammendrücken. Jeweils drei Buchteln mit der Naht nach unten in die Gläser setzen und im vorgeheizten Ofen 30 Minuten backen.

9 Gläser aus dem Ofen nehmen und sofort mit Deckeln verschließen.

10 Kurz vor dem Essen die Buchteln aus den Gläsern nehmen und im vorgeheizten Ofen bei 120 °C für 10 Minuten aufbacken.

FLAUMIGER HEFETEIG MIT SOJADRINK
Selbstverständlich können Sie den Hefeteig auch mit Kuhmilch zubereiten. Perfekter gelingen die Buchteln jedoch mit ungesüßtem Sojadrink. Dieser ist reich an Lecithin und das sorgt für wunderbar leichte Flaumigkeit.

LINZERTÖRTCHEN

ZUTATEN FÜR
15 FLACHE GLÄSER À 200 ML

200 g Mehl
100 g Vollkornmehl
180 g Rohrzucker
40 g Bourbon-Vanillezucker
250 g Haselnüsse, gerieben
250 g kalte Butter, Stücke
Schale von 1 Bio-Zitrone, abgerieben
½ TL Zimt
Muskat
1 Prise Nelken, gemahlen
1 Ei
1 EL Rum
300 g Johannisbeerkonfitüre
1 Eigelb, verquirlt
100 g Mandelblättchen

Außerdem
3 EL weiche Butter für die Gläser

1 Mehl, Vollkornmehl, Zucker, Vanillezucker und Haselnüsse auf ein großes Brett schütten, Butter daraufgeben, mit einem großen Messer hacken und dabei die trockenen Zutaten gut vermischen.

2 Mehl-Butter-Mischung in eine große Schüssel geben und mit Zitronenschale, Zimt, Muskat, Nelke, Ei und Rum rasch zu einem festen Teig kneten (oder alle Zutaten in die Küchenmaschine geben und zu Teig verarbeiten). Aus dem Teig eine Rolle formen und diese in Frischhaltefolie wickeln. Teig ca. 2 Stunden kalt stellen.

3 Backofen auf 200 °C Ober/Unterhitze (Umluft 180 °C) vorheizen. Gläser mit der weichen Butter ausstreichen. Von der Teigrolle jeweils 60 g abschneiden, daraus eine Kugel formen, Teig auf einer bemehlten Fläche dünn ausrollen, in die Gläser legen, dabei einen ca. 2 cm hohen Rand stehen lassen. Jeweils nur ein Viertel des Teigs aus dem Kühlschrank nehmen, damit der restliche Teig kalt bleibt.

4 Auf dem Teigboden 1½ EL Johannisbeerkonfitüre verstreichen. Teigrand etwas nach unten drücken. Teigrand mit Eigelb bestreichen. Mandelblättchen im Kreis auf die Linzertörtchen streuen.

5 Linzertörtchen auf den Backofenrost stellen (mittleren Schiene) und im vorgeheizten Ofen ca. 30 Minuten backen.

6 Linzertörtchen aus dem Ofen nehmen, sofort mit Glasdeckeln mit Gummiring und Metallklammern verschließen.

CASHEWCOOKIES

**ZUTATEN FÜR
CA. 35 COOKIES**
160 g Cashewnüsse
100 g Weizenmehl
100 g Buchweizenmehl
1 gestrichener TL Backpulver
½ gestrichener TL Ingwer, gemahlen
100 g weiche Butter, kleine Stücke
170 g Rohrzucker
2 TL Bourbon-Vanillezucker
2 Eier

1 100 g Cashewnüsse mahlen, die restlichen ganz lassen.

2 Weizenmehl, Buchweizenmehl, Backpulver und gemahlenen Ingwer in einer Schüssel gut vermischen.

3 Gemahlene Cashewnüsse, Butter, Zucker, Vanillezucker und Eier mit dem Handrührgerät kurz vermischen.

4 Mehl-Backpulver-Mischung unter die Nuss-Mischung rühren, den Teig kurz durchkneten und 1 Stunde zugedeckt in den Kühlschrank stellen.

5 Backofen auf 200 °C Ober-/Unterhitze (Umluft 180 °C) vorheizen.

6 Zwei Backbleche mit Backpapier belegen. Aus dem Teig kleine Kugeln formen und auf die Backbleche legen. Dabei genügend Abstand lassen, die Kekse zerfließen etwas und werden größer!

7 Teigkugeln leicht flach drücken, je 1 ganze Cashewnuss daraufsetzen und leicht eindrücken.

8 Kekse im vorgeheizten Ofen 12–15 Minuten backen (jeweils 1 Blech) und auf einem Kuchengitter auskühlen lassen. Gut verschlossen in Gläsern bleiben die Cookies lange frisch.

GESCHENK im GLAS

NEKTARINEN-HEIDELBEER-FRUCHTGUMMI

ZUTATEN FÜR 1 BACKBLECH
500 g reife Nektarinen, Stücke
1½ EL Honig
200 g Heidelbeeren

1 Mit dem Mixstab oder im Mixglas Nektarinen und 1 EL Honig zu einem glatten Püree mixen.

2 Heidelbeeren und ½ EL Honig im Mixglas oder mit dem Mixstab zu einem glatten Püree mixen. Heidelbeerpüree eventuell durch ein Sieb streichen.

3 Backblech mit einer Silikonmatte (oder Backpapier) belegen. Nektarinenpüree dünn und gleichmäßig darauf verstreichen. Heidelbeerpüree in Streifen darauf verteilen.

4 Fruchtpürees im Backofen bei 60 °C Ober-/Unterhitze (50 °C Umluft) 8–10 Stunden trocken lassen. Damit die Feuchtigkeit entweichen kann, Backofentür einen Spalt geöffnet lassen.

5 Wenn die Masse an der Oberfläche nicht mehr klebrig ist, einen Bogen Sahneabdeckpapier oder Butterbrotpapier darauflegen. Fruchtgummi auf das Papier stürzen. Silikonmatte vorsichtig abziehen.

6 Fruchtgummi mit dem Papier in ca. 5 cm breite Streifen schneiden und aufrollen. Fruchtröllchen in Gläsern gut verschließen, so bleiben sie einige Wochen frisch.

MANGO-HIMBEER-FRUCHTGUMMI

ZUTATEN FÜR 1 BACKBLECH
2 reife Mangos, Stücke
60 g Zucker
200 g Himbeeren

1 Mit dem Mixstab Mangos und 30 g Zucker zu einem glatten Püree mixen.

2 Himbeeren und 30 g Zucker mit dem Mixstab zu einem glatten Püree mixen. Himbeerpüree eventuell durch ein Sieb streichen.

3 Backblech mit einer Silikonmatte (oder Backpapier) belegen. Mangopüree dünn und gleichmäßig darauf verstreichen. Himbeerpüree in Streifen darauf verteilen.

4 Fruchtpürees im Backofen bei 60 °C Ober-/Unterhitze (50 °C Umluft) 8–10 Stunden trocken lassen. Damit die Feuchtigkeit entweichen kann, Backofentür einen Spalt geöffnet lassen.

5 Wenn die Masse an der Oberfläche nicht mehr klebrig ist, einen Bogen Sahneabdeckpapier oder Butterbrotpapier darauflegen. Fruchtgummi auf das Papier stürzen. Silikonmatte vorsichtig abziehen.

6 Fruchtgummi mit dem Papier in ca. 5 cm breite Streifen schneiden und aufrollen. Fruchtröllchen in Gläsern gut verschließen, so bleiben sie einige Wochen frisch.

SIRUPE & LIKÖRE

HOW TO DO!

WICHTIGES
AUF EINEN BLICK

ANSATZLIKÖR

Für einen Ansatz benötigen Sie frische, getrocknete oder kandierte Früchte, es eigenen sich aber auch frische oder getrocknete Kräuter und Blüten. Der Ansatz sollte mindestens 3 Wochen an einem warmen Ort stehen, die Temperatur sollte nicht unter 18–22 °C fallen, denn erst dann können sich die Geschmacksstoffe aus den Früchten, Kräutern etc. lösen. Die Qualität der Spirituose ist entscheidend für Ihr Produkt. Verwenden Sie nur Alkohol von guter Qualität! Niederprozentiger Alkohol zieht nur die Bitterstoffe aus den Früchten und Kräutern, die (erwünschten) Bitterstoffe bleiben im Geschmack erhalten. Hochprozentiger Alkohol löst auch die frischen, fruchtigen Geschmacksstoffe (ätherische Öle), die sich dann in der Spirituose wiederfinden.

➻ Sollte der Likör zu stark geworden sein, verdünnen Sie ihn mit abgekochtem oder destilliertem Wasser.

SIRUP

Zucker statt Chemie! Ausreichend Zucker im Sirup bietet Schutz gegen Hefe und Schimmelpilze. Wenn Ihre Flaschen kühl und lichtgeschützt gelagert werden, hält sich Ihr Sirup 3–6 Monate (je nach Rezept und Frucht oder Gemüse).

➻ Geöffnete Flaschen im Kühlschrank aufbewahren und in den nächsten 2-4 Wochen verbrauchen! Sirup sollte immer heiß und randvoll abgefüllt werden, zusätzliches Pasteurisieren verlängert die Haltbarkeit.

FLASCHEN

Verwenden Sie für Ihre Sirupe Flaschen, die für Heißabfüllung geeignet sind. Achten Sie darauf, die Flaschen vor dem Füllen leicht zu erwärmen – dies verhindert unliebsame Spannungsrisse.

➻ Flaschen zur Heißabfüllung haben ein besonderes Füllvolumen: Damit z.B. 1000 ml Füllgut in die Flasche passen, muss das Füllvolumen 1040 ml betragen. Damit garantiert der Flaschenproduzent, dass auch beim Erkalten der Flüssigkeit exakt 1 Liter Füllgut in der Flasche ist.

GARTENKRÄUTERSIRUP

ZUTATEN FÜR
4 FLASCHEN À 350 ML

1 kg Sirup-Zucker
750 ml Wasser
8-10 Zweige gemischte Gartenkräuter (z.B. Zitronenmelisse, Oregano, Minze, Rosmarin, Thymian, Colakraut)
1 Bio-Orange, dünne Scheiben

1 Sirup-Zucker und Wasser in einem Topf verrühren, aufkochen und köcheln, bis die Flüssigkeit klar ist.

2 Die Flüssigkeit in ein großes Glas geben, Kräuter und Orangen dazugeben. Den Sirupansatz 2 Tage ziehen lassen.

3 Sirup abseihen, nochmals 3 Minuten kochen, heiß in Flaschen abfüllen und verschließen.

4 Sirup kühl und dunkel lagern.

VIELSEITIGE KRÄUTERSIRUPE

Analog können sortenreine Kräutersirupe wie Zitronenmelissensirup oder Minzsirup hergestellt werden. Kräutersirupe eignen sich nicht nur zum Verdünnen mit Mineralwasser, sondern auch als Würzmittel für Marmeladen (siehe Frühlingsmarmelade mit Rhabarber und Zitronenmelissensirup, S. 162).

ERFRISCHEND!

RHABARBER-INGWER-SIRUP

ZUTATEN FÜR 3 FLASCHEN À 250 ML
750 g Rhabarber, ohne Enden, aber mit Schale (ca. 900 g Rohgewicht)
25 g Ingwer, geschält
250 ml Wasser
500 g Zucker

1 Rhabarber in 1 cm breite Stücke schneiden. Ingwer in sehr dünne Scheiben schneiden.

2 Rhabarber und Ingwer mit dem Wasser in einem Topf zum Kochen bringen. Bei geringer Hitze so lange köcheln, bis der Rhabarber komplett zerfallen ist (ca. 10–15 Minuten).

3 Gekochten Rhabarber vom Herd nehmen und etwa 1 Stunde stehen lassen, damit der Saft den Geschmack des Ingwers annimmt.

4 Rhabarber durch ein feines Sieb abseihen und den Rhabarbersaft auffangen. Das im Sieb verbleibende Fruchtfleisch mit einer Schöpfkelle gut auspressen, um maximale Saftausbeute zu gewährleisten.

5 Aufgefangenen Saft mit Zucker aufkochen und nochmals 5 Minuten köcheln lassen. Schaum mit einer Kelle abschöpfen.

6 Den Sirup kochend heiß in die vorbereiteten Flaschen füllen und verschließen. Kühl und dunkel lagern. Für längere Haltbarkeit den Sirup pasteurisieren!

RHABARBERSEKT
Probieren Sie als Aperitif einen Schuss Sirup im Sekt!

ANANAS-MINZE-SIRUP

ZUTATEN FÜR 3 FLASCHEN À 500 ML
1100 g Ananas, Fruchtfleisch mit Strunk
6 Zweige frische Pfefferminze (ca. 40 Minzblättchen)
500 ml Wasser
700 g Zucker

1 Ananas mitsamt dem Strunk in kleine Stücke schneiden. Die Minzblättchen abzupfen und waschen.

2 In einem Topf Wasser, Ananas und Minzblättchen aufkochen und einige Minuten köcheln lassen, bis die Ananas weich ist und der Sud den Minzgeschmack angenommen hat.

3 Ananas mit dem Kochwasser pürieren.

4 Ananaspüree durch ein Sieb streichen, dabei die klare Flüssigkeit auffangen. Das im Sieb verbleibende Fruchtfleisch mit einer Schöpfkelle gut auspressen, um maximale Saftausbeute zu gewährleisten.

5 Ananassud mit Zucker vermengen und nochmals aufkochen, 5 Minuten köcheln lassen, den Schaum mit einer Kelle abschöpfen.

6 Sirup kochend heiß in die vorbereiteten Flaschen abfüllen und verschließen. Kühl und dunkel lagern. Für längere Haltbarkeit den Sirup pasteurisieren!

STARKES KONZENTRAT
Der Sirup schmeckt sehr frisch und fruchtig!
Man kann ihn aufgrund seiner Süße stark verdünnen.

ORANGEN-WACHOLDER-LIKÖR

ZUTATEN FÜR
3 FLASCHEN À 250 ML
150 ml Wasser
1 EL Wacholderbeeren
3 Bio-Orangen
400 ml Gin
200 g Zucker

1 Wasser aufkochen, die Wacholderbeeren mit 2–3 EL kochendem Wasser überbrühen und einige Minuten ziehen lassen. Das restliche Wasser kurz abkochen und abkühlen lassen.

2 In der Zwischenzeit die Orangen hauchdünn abschälen. Dabei soll nur der orange Schalenteil gewonnen werden, da die weiße Haut bitter schmeckt. Die Orangenschale in sehr feine Streifen schneiden.

3 Eingeweichte Wacholderbeeren leicht andrücken.

4 Gin mit Zucker und 100 g abgekochtem, abgekühltem Wasser vermischen und gut durchrühren, damit sich der Zucker auflöst.

5 Orangenschale und Wacholderbeeren in eine Flasche füllen und mit der Gin-Zucker-Mischung übergießen. Flasche verschließen und an einem dunklen Ort ca. 1 Monat (je nach gewünschter Geschmacksintensität) ziehen lassen.

LIEBLINGS-GIN
Gin gibt es in vielen unterschiedlichen Sorten. Experimentieren Sie! Je nach Gin schmeckt auch der Likör unterschiedlich.

★ EXKLUSIV ★

AROMATISCHER KOKOS-EIERLIKÖR

ZUTATEN FÜR
2 FLASCHEN À250 ML
3 Eigelb
150 g Puderzucker
1½ TL Vanillezucker
¼ TL Zimt
150 ml Kokosmilch
150 ml Milch
120 ml Weingeist (96 % vol)

1 Eigelbe, Puderzucker und Vanillezucker mit dem Mixer einige Minuten sehr schaumig rühren. Anschließend Zimt zufügen.

2 Kokosmilch in der Dose sehr gut schütteln, sodass sie homogen ist. Kokosmilch und Milch zur Eigelb-Mischung geben.

3 Zuletzt den Weingeist hinzufügen.

4 Likör in die vorbereiteten Flaschen füllen und im Kühlschrank lagern. Er ist einige Wochen haltbar.

TEMPERIERT GENIESSEN
Kokosmilch macht den Likör im Kühlschrank fest. Den Likör daher 30 Minuten vor dem Genuss aus dem Kühlschrank nehmen, dann wird er flüssig.

KoKos-
EIERLIKÖR

ESPRESSOLIKÖR

ZUTATEN FÜR
1 SCHÖNE FLASCHE À 500 ML

180 ml Espresso, frisch gebrüht
15 g Rohrzucker
120 ml Ahornsirup
100 ml Weingeist (96 % vol)
1 Vanilleschote

1 Espresso abkühlen lassen.

2 Komplett ausgekühlten Kaffee mit Zucker vermischen und kurz rühren, bis sich der Zucker vollständig aufgelöst hat.

3 Ahornsirup und Weingeist unterrühren und in eine Flasche füllen.

4 Vanilleschote der Länge nach aufschneiden, das Mark mit einem Messer herauskratzen und die Schote in 2–3 Stücke schneiden. Vanillemark zum Likör geben und in der verschlossenen Flasche gut schütteln, sodass sich das Mark gut verteilt. Die Flasche nochmals öffnen, die Vanilleschoten hinzufügen und wieder schließen.

5 Nach einer Woche die Schoten entfernen.

GUT DING BRAUCHT WEILE

Achtung: Frisch gemischt riecht der Likör stark nach Weingeist. Bereits nach einer Woche riecht und schmeckt er jedoch angenehm harmonisch.
Durch Wahl der Kaffeebohnen können Sie diesem Likör unterschiedliche Noten geben.
Auch die Vanilleschote macht einen Unterschied:
➼ Bourbon-Vanille ist vanillig, holzig, rauchig, fruchtig und würzig, die Tahiti-Vanille enthält anisartige und karamellige Aromen.

ECHT STARK!

SALZE & ZUCKER

HOW TO DO

WICHTIGES AUF EINEN BLICK

SALZE, NICHT NUR SALZIG

Der Hauptbestandteil aller Salze ist das Natriumchlorid. Alle Salze – ob Meersalz oder Steinsalz (Letzteres ist ein Sedimentgestein, das vor Millionen Jahren durch das Austrocknen der Meere entstand) – schmecken daher vor allem salzig. Meersalz enthält daneben noch Spuren anderer Mineralstoffe, die den Geschmack geringfügig beeinflussen können. Zudem verteilt sich grobes Salz anders auf einer Speise als feines, was pro Bissen unterschiedliche Salzgeschmacksintensitäten hervorrufen kann. Eine Salzblume, Salzflocke oder Salzpyramide löst sich langsamer im Speichel auf. Ein weiterer sensorischer Unterschied liegt in der Textur, da grobe Kristalle ein unterschiedliches Mundgefühl bewirken. Rauchsalz enthält darüber hinaus subtile Räucheraromen. Salz ist somit mehr als nur salzig und kann einen differenzierten Genuss fördern!

➵ Zur Gewinnung von Meersalz wird Meerwasser in Becken geflutet und dann sukzessive in immer flachere Konzentrationsbecken weitergeleitet. Sonne und Wind konzentrieren das Salz, bis es letztlich auskristallisiert.

➵ Fleur de Sel heißt übersetzt Salzblume. Das Salz entsteht nur bei idealen Wetterbedingungen, an heißen und zugleich windstillen Tagen, und wird von Hand von der Meerwasseroberfläche abgeschöpft.

ZUCKER MIT MEHRWERT

Puderzucker lässt sich feiner mit gemahlenen Gewürzen vermischen als Haushaltszucker. Zuckermischungen mit Blüten sind hingegen mit gröberem Zucker schöner. Zum Mischen mit Zucker eignen sich viele getrocknete Blüten – neben Rose oder Holunder auch Malve, Veilchen, Ringelblumen u.v.m.

GETROCKNETE PILZE

Frische Pilze sehr dünn aufschneiden, mit Hilfe einer mittelstarken Nähnadel die Pilzscheibchen auf einen Faden auffädeln und in einem trockenen, gut durchlüfteten Raum (Dachboden) aufhängen. 2–3 Wochen trocknen lassen. Anschließend in einem Mixer zu Pulver vermahlen und für das Räuchersalz mit Steinpilzen auf S. 214 verwenden oder pur in vorbereitete Gläschen füllen.

BÄRLAUCH-ZITRONEN-SALZ

ZUTATEN
200 g frische junge Bärlauchblätter (oder 20 g getrocknet)
½ TL getrocknete Zitronenschale, gemahlen
130 g Salz

1 Frische Bärlauchblätter auf ein mit Backpapier belegtes Backblech legen.

2 Im Ofen bei 60 °C oder in einem trockenen und warmen Raum trocknen.

3 Getrocknete Blätter fein mahlen, mit Zitronenschale und Salz vermischen.

4 Bärlauch-Zitronen-Salz in Gläser füllen und gut verschließen.

BÄRLAUCH GERUCHSNEUTRAL TROCKNEN
Beim Trocknen verströmt der Bärlauch einen intensiven Geruch. Alternativ kann er bei warmem Wetter windgeschützt unter einem Gitter im Freien trocknen. Wen der Geruch stört, der kann getrockneten Bärlauch auch kaufen.
➻ Das Salz ist sehr geschmacksintensiv. Es eignet sich zum Würzen von Aufstrichen oder Dips auf Frischkäsebasis, etwa zu Ofenkartoffeln.

CHILI-KREUZKÜMMEL-SALZ

ZUTATEN
1 EL Kreuzkümmel
½ EL rote Chiliflocken (ersatzweise getrocknete Chilis, entkernt und grob zerrieben)
3 EL Fleur de Sel

1 Kreuzkümmel und Chiliflocken gemeinsam mörsern und vorsichtig mit dem Fleur de Sel vermischen.

2 Chili-Kreuzkümmel-Salz in kleine Gläschen abfüllen und gut verschließen.

IDEAL ALS GESCHENK
Dieses Blitzsalz duftet intensiv, sieht nett aus und eignet sich als Mitbringsel.

BUNT & WÜRZIG

RÄUCHERSALZ
mit Steinpilzen

ZUTATEN
40 g getrocknete Steinpilze
2 TL getrocknete Knoblauchscheiben
140 g Räuchersalz

1 Getrocknete Steinpilze und den Knoblauch grob vermahlen.

2 Mit dem Räuchersalz gut vermischen.

3 Räuchersalz mit Steinpilzen in kleine Gläser füllen und gut verschließen.

KAROTTEN-SELLERIE-SALZ

ZUTATEN
200 g Pressrückstand von Karotte und Sellerie
400 g Meersalz
2 TL getrocknete Mandarinenschale, gemahlen

1 Gemüse-Pressrückstand mit Salz verkneten und die Mischung auf einem mit Backpapier belegten Backblech verteilen.

2 Im Ofen bei 60 °C einige Stunden trocknen. Die Trocknungsdauer hängt davon ab, wie gut der Entsafter das Gemüse auspresst. Das Gemüsesalz auskühlen lassen.

3 Grob zerkleinern und mit Mandarinenschale vermischen.

4 Karotten-Sellerie-Salz in kleine Gläser füllen und gut verschließen.

PRESSRÜCKSTAND
Wer Gemüse entsaftet, um daraus Drinks zu machen oder den Saft zum Risotto zu geben, muss den Pressrückstand nicht wegwerfen, sondern kann daraus ein aromatisches Salz herstellen. Durch das Entsaften bleibt nur mehr wenig Wasser im Rückstand, das Trocknen geht daher schnell. Analog kann Rote-Bete-Salz hergestellt werden.

ROSEN-HOLUNDER-BLÜTEN-ZUCKER

ZUTATEN
4 EL getrocknete Damascena-Rosenblätter
1 EL getrocknete Holunderblüten
100 g Zucker

1 Blüten in einer elektrischen Mühle vermahlen.

2 Gemahlene Blüten mit dem Zucker mischen.

3 Je nach gewünschtem Feinheitsgrad kann die Blüten-Zucker-Mischung weiter vermahlen werden.

4 Rosen Holunderblüten-Zucker in ein Glas füllen und gut verschließen.

GETROCKNETE DUFTWUNDER
Damascena-Rosen haben einen intensiven Duft. Die Rosenart wird daher auch zur Gewinnung von Rosenöl und Rosenwasser verwendet. Holunderblüten kann man selbst trocknen, es gibt sie aber auch in Apotheken als Tee zu kaufen.

KAKAO-ZIMT-KARDAMOM-ZUCKER

ZUTATEN
200 g Puderzucker
15 g Kakaopulver (ca. 1 gehäufter EL)
1 gehäufter TL Zimt, gemahlen
½ gehäufter TL Kardamom, gemahlen

1 Puderzucker, Kakao, Zimt und Kardamom gut miteinander verrühren.

2 Mischung durch ein feines Teesieb sieben, um Klumpen zu vermeiden.

3 Kakao-Zimt-Kardamom-Zucker in ein Glas füllen und gut verschließen.

DESSERTZUCKER
Diese Mischung eignet sich hervorragend zum Bestreuen von Milchreis, Grießbrei und gebackenen Apfelspalten.

DUFT SENSATION

GEMÜSE EINKOCHEN AUF EINEN BLICK

FLASCHEN & VERSCHLÜSSE

REZEPTREGISTER

ANHANG

ZU GUTER LETZT

NOCH EINIGE TIPPS,
DAMIT ALLES GELINGT

GEMÜSE
EINKOCHEN AUF EINEN BLICK

PRODUKT	ART	DECKEL	GLASFORM
Blumenkohl	vorgekocht	S/F	B/E
Bohnen (Käferbohnen/ Saubohnen/ weiße Bohnen)	vorgekocht	S/F	A/B/C/D/E
Bohnen, grüne, geschnitten	vorgekocht	S/F	A/B/C/D/E
Bohnen, grüne	vorgekocht	S/F	A/B/C/D/E
Brokkoli	vorgekocht	S/F	B/E
Erbsen/Zuckererbsen	roh	S/F	A/B/C/D/E
Gurken (Senfgurken)	roh	S/F	B/E
Gurken (Essiggurken/ Cornichons)	roh	S/F	B/E
Karotten	roh	S/F	A/B/C/D/E
Kartoffeln	vorgekocht	S/F	B/E
Kohl	vorgekocht	S/F	A/B/C/D/E
Kohlrabi	vorgekocht	S/F	A/B/C/D/E
Kürbis	vorgekocht	F	A/B/C/D/E
Mais	vorgekocht	S/F	A/B/C/D/E
Paprika	vorgekocht	F	B/E

SAISONALE GEMÜSE DAS GANZE JAHR ÜBER GENIESSEN – UND DAS OHNE LANGE TRANSPORTWEGE: DIE KÖSTLICHKEITEN AUS IHREM GARTEN ODER VOM MARKT KÖNNEN BEI PERFEKTEM REIFEGRAD EINGEKOCHT WERDEN UND ZAUBERN IM WINTER EINEN HAUCH SOMMER-FEELING AUF IHREN TISCH.

EINKOCHAUTOMAT/ BACKOFEN/KOCHTOPF		**SCHNELLKOCHTOPF** Stufe 1 ➛ ca. 110 °C Stufe 2 ➛ ca. 125 °C	
Temp/Grad	Zeit in Min	Stufe	Zeit in Min
100	90	1	25
100	90	2	25
100	120	2	25
90	30	1	25
100	120	1	15
100	120	1	10
90	30	1	25
75	20	1	20
100	90	1	15
100	90	1	15
100	120	1	25
90	60	1	20
75	30	1	25
100	60	1	10
100	60	1	25

GLÄSER

➛ A = RexGlas

➛ B = Konservenglas rund mit Schulter

➛ C = Sturzglas

➛ D = Sturzglas konisch

➛ E = Konservenglas eckig mit Schulter

DECKEL

Sauergemüse
bis 70 ppm/SO2 ➛ S
Fetthaltige Produkte
bis 100 ppm/SO2 ➛ F
Mehr dazu auf S. 26.

PRODUKT	ART	DECKEL	GLASFORM
Pastinaken	vorgekocht	S/F	A/B/C/D/E
Pilze, groß (im Ganzen)	vorgekocht	F	B/E
Pilze, klein (oder geschnitten)	vorgekocht	F	A/B/C/D/E
Rhabarber	blanchiert oder vorgekocht	M+H	A/B/C/D/E
Rosenkohl	vorgekocht	S/F	B/E
Rote Bete	vorgekocht	S/F	A/B/C/D/E
Rotkohl, geschnitten	vorgekocht	S/F	B/E
Sauerkraut	roh	F	B/E
Sellerie, geschnitten	vorgekocht	S/F	A/B/C/D/E
Sellerie, große Stücke	vorgekocht	S/F	B/E
Spargel	roh	F	B/E
Tomaten	vorgekocht	F	A/B/C/D/E
Weißkraut	blanchiert	S/F	A/B/C/D/E
Weißkraut	vorgekocht	S/F	A/B/C/D/E
Zucchini	roh	S/F	A/B/C/D/E
Zwiebel	vorgekocht	F	A/B/C/D/E

EINKOCHAUTOMAT/ BACKOFEN/KOCHTOPF		SCHNELLKOCHTOPF Stufe 1 ➽ ca. 110 °C Stufe 2 ➽ ca. 125 °C	
Temp/Grad	Zeit in Min	Stufe	Zeit in Min
100	120	1	25
100	90	1	25
100	75	1	25
100	30	1	15
100	120	1	25
90	30	1	25
90	40	1	25
90	120	1	25
100	90	1	25
100	120	1	25
100	120	2	30
100	60	1	10
100	120	1	35
90	40	1	25
90	30	1	15
90	30	1	15

GLÄSER

➽ A = RexGlas

➽ B = Konservenglas rund mit Schulter

➽ C = Sturzglas

➽ D = Sturzglas konisch

➽ E = Konservenglas eckig mit Schulter

DECKEL

Sauergemüse
bis 70 ppm/SO2 ➽ S
Fetthaltige Produkte
bis 100 ppm/SO2 ➽ F
Mehr dazu auf S. 26.

→ VIEL SPASS

FLASCHEN & VERSCHLÜSSE

Bei Glasflaschen gibt es nicht ganz so viele Arten von Formen wie bei Konservengläsern. Wichtig sind bei den Flaschen die Mündungen. Hier gibt es markante Unterschiede, um festzustellen, ob die Flasche für das jeweilige Füllgut geeignet ist.

GERADEHALS
für Saft, Sirup

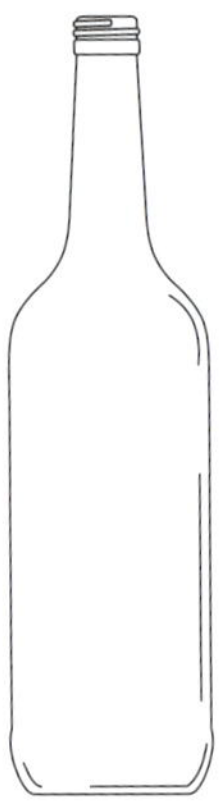

LIMO
für Saft, Sirup
(außer in Heißabfüllung)

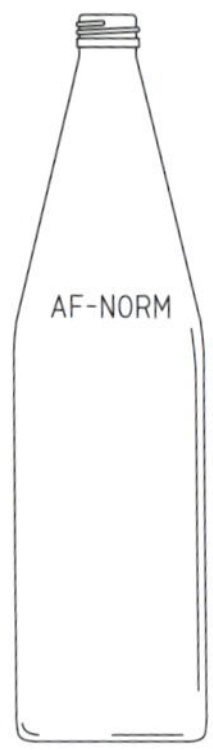

MARASKA
für Essig, Öl

DORICA
für Essig, Öl

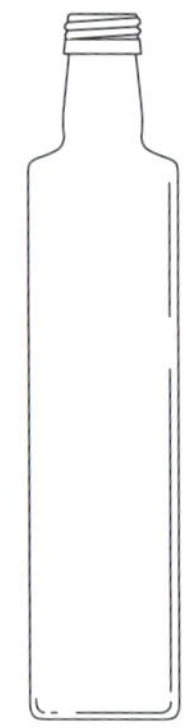

PLATIN
für Spirituosen, evtl.
für Saft, Sirup, Essig, Öl

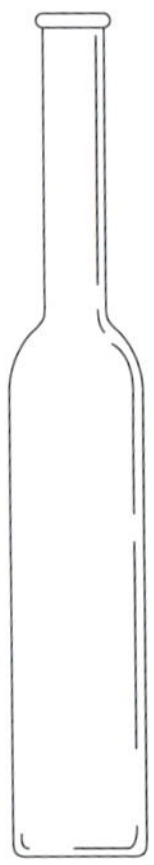

KENGA
für Spirituosen, evtl.
für Saft, Sirup, Essig, Öl

BÜGELVERSCHLUSS-FLASCHE
für jegliches Füllgut

SCHLAUE FLASCHEN

Bei den Flaschenverschlüssen unterscheidet man zwischen flüssigkeitsdichten und gasdichten Verschlüssen. Ein flüssigkeitsdichter Verschluss lässt zwar keine Flüssigkeit entweichen, Sauerstoff kann aber von außen in die Flasche gelangen. Gasdichte Verschlüsse lassen weder Flüssigkeit noch Luft durch.

BÜGELVERSCHLUSS

Ein nostalgisch anmutender Verschluss, der Kindheitserinnerungen weckt. Er ist geeignet für Säfte, Sirupe, kohlensäurehaltige Biere oder Mineralwasser. Natürlich können auch z.B. Spirituosen mit Bügelverschlüssen verschlossen werden. Bügelverschlüsse sind gasdicht.

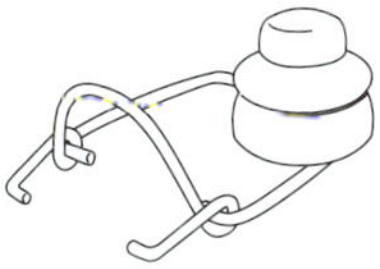

VERSCHLÜSSE FÜR ESSIG UND ÖL

Hier handelt es sich um (Dreh-Verschlüsse, die auf die Flasche aufgesetzt werden. Die Verschlüsse sind flüssigkeits-, aber nicht gasdicht. Ölflaschen sollten generell nur stehend transportiert werden. Öl kann durch die Kapillarwirkung selbstständig aus der Flasche »kriechen«. Wenn Sie die entsprechenden Füllhöhen beachten, vermeiden Sie »rinnende« Verschlüsse.

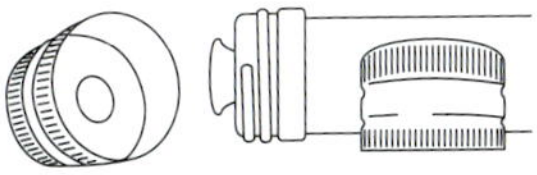

STOPFEN AUS NATURKORK (ODER PLASTIKVERBINDUNGEN)

Der Stopfen (umgangssprachlich auch Korken) wird direkt in die Flaschenmündung gedrückt. Bei Verwendung von Naturkorken treten immer wieder fehlerhafte Produkte auf (Wein!). Heute hat sich die Qualität zwar stark verbessert, aber die Vielzahl von Alternativen hat diese Verschlussmöglichkeit stark in den Hintergrund gedrängt. Stopfen sind gasdicht.

VERSCHLÜSSE FÜRSAFT UND SIRUP

Dies sind Plastik- oder Metallverschlüsse, die aufgesetzt oder »angerollt« werden. Die Verschlüsse haben eine Dichtplatte oder einen Dichtring und können die Flasche perfekt verschließen.

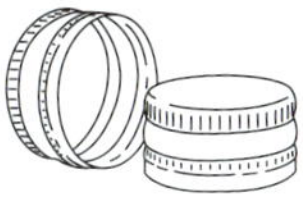

KRONENKORKEN

Kronenkorken sind aus der Gastronomie bekannt. Es gibt aber auch eine Möglichkeit für den Hausgebrauch. Dabei ist der Kronenkorken die günstigste und auch praktischste Möglichkeit, Flaschen zu verschließen. Kronenkorken sind gasdicht.

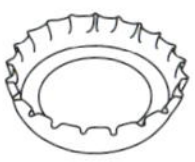

SPIRIT LOK (SPIRITUOSEN-GLASVERSCHLUSS)

Das ist die Innovation der letzten Jahre im Veschluss-Bereich, die zuerst bei Weinen erfolgreich eingesetzt wurde, seit kurzem auch bei Spirituosen. Dieser Verschluss wird ähnlich wie ein Stopfen (Korken) in die Mündung der Glasflasche gedrückt und lässt sich durch seitlichen, etwas stärkeren Druck wieder öffnen. Im Prinzip ist dies auch der ideale Verschluss für Saft und Sirup. Beachten Sie dabei jedoch die Füllinhalte! Die Glasverschlüsse sind gasdicht.

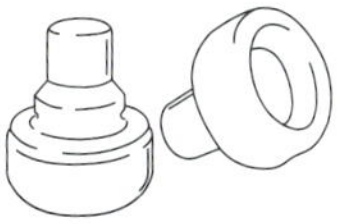

GPI-VERSCHLÜSSE

Besonders geeignet für Essig und Öl, aber auch für Spirituosen, sind sogenannte GPI-Verschlüsse. Auch bei oftmaligem Auf- und Zudrehen bieten sie perfekten Verschluss.

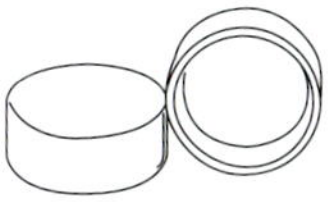

REZEPTREGISTER

A

B

C

D

E

F

HOME MADE

TEAM

NIKOLAUS TOMSICH
ist Verkaufsleiter für Nahrungs- und Genussmittelverpackungen bei Österreichs größtem Glashändler Müller Glas & Co. Auf sein Wissen und seine Erfahrung im Bereich Glas und Verschluss greifen Köche, Produzenten und Abfüller gerne zurück. Neben Fachvorträgen und Schulungen zum Thema Verpackung von Lebensmitteln ist Kochen, natürlich Einrexen und das Genießen guter Küche seine große Leidenschaft.

ELISABETH FISCHER
Autorin von über 40 Kochbüchern und Foodstylistin, schreibt für Gourmet- und Lifestyle-Magazine. Sie war Küchenchefin im ersten vegetarischen Restaurant von München, entwickelt Produkte und Konzepte für Gemeinschaftsverpflegung, veranstaltet Kochworkshops für Kochbegeisterte und Profis.

EVA DERNDORFER
ist Ernährungswissenschaftlerin, Tee- und Käsesommelière sowie Autorin zahlreicher Fach-, Sach- und Kochbücher. Sie ist Lehrbeauftragte an mehreren österreichischen Hochschulen und hält Sensorikschulungen, Vorträge sowie Genussworkshops für unterschiedliche Zielgruppen.

INGE FASAN
hat in Wien Germanistik und Kunstgeschichte studiert und lebt auch dort. Nach Zwischenstationen am Theater arbeitet sie als Lektorin und Autorin, u.a. mit Kulinarik-Schwerpunkt. Sie ist seit Kurzem glückliche Besitzerin eines Einkoch-Automaten.

SABINE KUNZMANN
studierte an der Hochschule für Angewandte Kunst in Wien Grafikdesign. Nach Stationen in der Werbung, dem Editorial- und Kommunikationsdesign in den Bereichen Mode und Lifestyle ist sie nun endlich bei ihrer Leidenschaft, dem Buchdesign, angekommen.

DANKE

DER HERAUSGEBER BEDANKT SICH BEI …

FAMILIE THEO & HEIDI MÜLLER (EIGENTÜMER VON MÜLLER GLAS & CO)
ohne deren Unterstützung dieses Buchprojekt nicht möglich gewesen wäre. Mein Dank gilt im besonderen Theo Müller, der mir durch sein profundes Wissen über alte Einrex-Vorgänge in vielen Diskussionen einen anderen Blickwinkel zeigte – und seine legendäre eingerexte Leberpastete zu kosten gab, von der immer zu wenig da ist.

MANFRED PICHLER
der jede meiner Ideen hinterfragt und damit unterstützt und mir vor vielen Jahren die Möglichkeit gab, in der Verpackungsbranche meine berufliche Heimat zu finden. Seine ruhige und besonnene Art hat mir an manchem hektischen Tag sowie beim Zusammenstellen der Themen für dieses Buch geholfen.

ERIKA PAUL & ROMAN ENGEL
meinen perfekten Kollegen, die mich trotz des normalen Joballtags bei diesem Projekt unterstützten und auch in stressigen Zeiten jede „wichtige“ Zusatzarbeit mit Bravour & zeitgerecht erledigten.

SELMA ILLITZ
für ihre Diskussionsbereitschaft zum Thema Haltbarmachen mit und ohne Zucker, als alle anderen schon lange nicht mehr zuhören wollten.

EVA DERNDORFER & ELISABETH FISCHER
die sich ohne langes Zögern für das Abenteuer Einkochen begeistern ließen. Für ihren kreativen Geist und ihre sorgfältige Arbeit gebührt ihnen mehr als ein Dankeschön. Sie haben dieses Buch durch ihre wunderbaren Rezeptideen mit Leben erfüllt!

NIKOLAUS BRANDSTÄTTER
sowie dem gesamten Team des Brandstätter Verlags für die familiäre Atmosphäre und die wirklich tolle Zusammenarbeit, die hoffentlich in vielen Projekten weitergeführt wird.

STEFANIE NEUHART
Programmleiterin im Brandstätter Verlag, für die Begeisterung und die vielen fruchtbringenden Diskussionen. Ihre Kreativität, gepaart mit den einfühlsamen Erklärungen, waren immer ein Gewinn.

INGE FASAN
die mit viel Einfühlungsvermögen aus dem „Fachlatein“ eine leicht verständliche Zusammenfassung gezaubert hat, trotz meiner unendlichen Änderungswünsche. Vielen Dank für die vielen Mails!

BEI DER HALTBARMACHUNG SIND TRADITIONELLES WISSEN UND ERFAHRUNG GEFRAGT – UND WO WIR SIE NICHT SELBST HATTEN, HABEN WIR FREUNDE BEFRAGT.

DIE REZEPTAUTORINNEN BEDANKEN SICH BEI …

BEN KIM
für die Einblicke, wie man Kimchi selbst macht, und für das Kimchi-Rezept seiner koreanischen Familie.

MICHAEL ROSSAK
der 20 Jahre Erfahrung beim Fermentieren von Gurken hat und all sein Wissen darüber, wie man Salzgurken macht, aber auch, was man dabei besser unterlässt, mit uns geteilt hat.

REINHARD HABERFELLNER
der mittlerweile ein Dörrexperte ist und uns auf erfrischende Weise beim Trocknen von Fruchtgummi unterstützt hat.

OTTO SCHMIED
für seine fachkundige Beratung bei der Entwicklung der Wurst- und Fleischrezepte.

EIN BUCH BRAUCHT MEHR ALS ZWEI AUTORINNEN. FÜR DIE GUTE ZUSAMMENARBEIT DANKEN WIR …

STEFANIE NEUHART
vom Brandstätter Verlag, die uns das Buchprojekt schmackhaft gemacht und die Rezeptentwicklung vertrauensvoll in unsere Hände gelegt hat. Wir freuen uns auf weitere gemeinsame Projekte.

INGE FASAN
für das genaue Lektorat und die unkomplizierte Zusammenarbeit getreu dem Motto: Wer in Etappen arbeitet, kann Etappensiege verbuchen.

NIKOLAUS TOMSICH
für seine Begeisterung und die vielen Gläser, die unser Leben (und unsere Wohnungen) auch künftig bereichern.

DEM FOTOGRAFENTEAM INGO EISENHUT & STEFAN MAYER MIT STEPHANIE WEINHAPPEL UND DANIEL SOSTARIC
die unsere Rezepturen in bewährt grandioser Weise abgelichtet haben.

LAST BUT NOT LEAST DANKEN WIR FÜR DIE VIELEN DISKUSSIONEN, IDEEN UND DIE MORALISCHE UNTERSTÜTZUNG …

ANDREAS BAIERL, REINHARD HABERFELLNER, »ANNA AM MEIDLINGER MARKT« UND BARBARA WIESINGER.

IMPRESSUM

Bibliografische Information der Deutschen Nationalbibliothek
Die Deutsche Nationalbibliothek verzeichnet diese Publikation in der Deutschen Nationalbibliografie; detaillierte bibliografische Daten sind im Internet über http://dnb.d-nb.de abrufbar.

2. Auflage, 2017

Texte: Nikolaus Tomsich
Rezepte: Eva Derndorfer, Elisabeth Fischer
Lektorat & Redaktion: Inge Fasan
Grafische Gestaltung: Sabine Kunzmann
Fotografie und Setstyling: Eisenhut & Mayer
Illustration: Katharina Ralser
Projektleitung Brandstätter Verlag: Stefanie Neuhart

Schriften: Excelsior, Intro Rust
Papier: Magno Volume 170gr 1,1fach Vol

ISBN 978-3-7106-0040-1

Christian Brandstätter Verlag
GmbH & Co KG
A-1080 Wien, Wickenburggasse 26
Telefon (+43-1) 512 15 43-0
Telefax (+43-1) 512 15 43-231
E-Mail: info@brandstaetterverlag.com
www.brandstaetterverlag.com

Designed in Austria, printed in the EU.

Wiener Zucker   Müller Glas & Co – Ihr Partner für Glas und so

Wir danken Wiener Zucker und
Müller Glas & Co für die freundliche Unterstützung.